土建类专业产教融合创新教材

工程结算与审计

谷洪雁 刘玉 刘星 主编

化学工业出版社

·北京·

内容简介

"工程结算与审计"是工程造价专业基于工程造价岗位的任职要求开设的一门专业课程。本书分为工程结算和工程审计两部分内容，系统讲解了工程结算的基本知识、编制方法、编制内容、审查方法、数字化估算等，以及工程审计的概念、特点，工程项目建设各阶段审计的方法、内容、程序等。

本书体现了党的二十大报告"推进教育数字化"精神，开发了配套微课视频等数字资源，可通过扫描书中二维码获取。

本书基于"1+X课证融通"设计教学体系，多维度融入课程思政元素，并与职业岗位标准紧密对接，适用于高等职业院校和应用型本科院校土建施工类和建设工程管理类专业学生使用，同时也可供工程领域相关专业人员以及相关建设单位、咨询单位、监理单位、施工单位的技术人员和管理人员参考使用。

图书在版编目（CIP）数据

工程结算与审计/谷洪雁，刘玉，刘星主编 . —北京：
化学工业出版社，2024.5
　　ISBN 978-7-122-45352-5

　　Ⅰ.①工⋯　Ⅱ.①谷⋯ ②刘⋯ ③刘⋯　Ⅲ.①建筑工
程-结算②建筑工程-审计　Ⅳ.①F239.63

　　中国国家版本馆CIP数据核字（2024）第067730号

责任编辑：李仙华　　　　　　　　文字编辑：郝　悦　王　硕
责任校对：边　涛　　　　　　　　装帧设计：史利平

出版发行：化学工业出版社
　　　　　（北京市东城区青年湖南街13号　邮政编码100011）
印　　装：高教社（天津）印务有限公司
787mm×1092mm　1/16　印张11½　字数275千字
2024年7月北京第1版第1次印刷

购书咨询：010-64518888　　　　　　售后服务：010-64518899
网　　址：http://www.cip.com.cn
凡购买本书，如有缺损质量问题，本社销售中心负责调换。

定　　价：38.00元　　　　　　　　版权所有　违者必究

编写人员名单

主　编　谷洪雁（河北工业职业技术大学）
　　　　　刘　玉（河北工业职业技术大学）
　　　　　刘　星（河北工业职业技术大学）

副主编　张　磊（河北工业职业技术大学）
　　　　　刘玉美（河北劳动关系职业学院）
　　　　　刘　芳（河北工业职业技术大学）
　　　　　段文琪（河北工业职业技术大学）

参　编　李　岩（河北工业职业技术大学）
　　　　　刘敬严（防灾科技学院）
　　　　　孙晓波（河北工业职业技术大学）

主　审　尹素花（河北工业职业技术大学）

前　言

建筑业作为我国国民经济支柱产业之一，近年来一直保持着稳定的发展势头，规模不断扩大。新型城镇化倡导走集约、绿色、低碳的建筑之路，这些对绿色、新型的智慧型环保建筑的要求也对工程造价行业发展提出了新的需求。工程造价行业也全面步入数字化管理时代，即以BIM模型为基础，利用云＋大数据技术积累工程造价基础数据，通过历史数据与价格信息形成自由市场定价方法，集成造价组成的各要素，通过造价大数据及人工智能技术，实现智能算量、智能组价、智能选材定价，有效提升计价工作效率及成果质量。由于工程项目投资资金的使用效果关系到社会稳定、经济发展、人居和谐以及生态环境优化，因此，在工程项目全生命周期中，工程审计也起着不可或缺的作用。

本书分为工程结算和工程审计两部分内容，系统讲解了工程结算的基本知识、编制方法、编制内容、审查方法、数字化估算等，以及工程审计的概念、特点，工程项目建设各阶段审计的方法、内容、程序等。读者可借助本书系统地掌握工程结算的编制方法和结算技巧，学会在开放的施工环境中进行工程结算时如何化解冲突，并能够带着一份对结算工作的自信投入到甲乙双方的实战博弈中，处理好发承包商之间关于工程款计算与支付的各项工作；并能够对项目各阶段的合法性、合规性情况及项目的绩效状况进行审计。

本书具有以下特色：

1. 基于"1+X课证融通"设计教学体系，以产业发展为导向定位本书内容。

融入1+X"工程造价数字化应用"职业技能等级标准，并基于建筑产业数字化和工程造价企业向全过程工程咨询企业转型升级现状，对内容体系进行顶层设计，将手工结算和数字化结算有效融合，使本书内容与职业岗位标准紧密对接，符合建筑产业转型升级发展需求。

2. 多维度融入课程思政元素，实现"教书"与"育人"目标的有机融合。

本书以党的二十大精神为指引，落实立德树人根本任务，对课程思政进行顶层设计，将思政教育融入育人全过程，分层次、讲方法、求实效地开展课程思政教育。通过思政元素的融入，培养学生科学严谨的工作作风和精益求精的工匠精神，并有效促进学生对专业知识的理解、掌握、拓展和深化，提高学生的学习积极性，培养创新精神，提升专业自信和个人自信，从专业角度引导学生树立可持续发展意识。

3. 构建多样化数字资源与各类终端浏览相结合的信息化支撑体系，给读者全新的学习体验。

本书数字资源包含基本理论、实践操作、规范图集、企业案例等并以教师微课、动画演示等多种形式展示，配套数字教材，汇集移动学习、富媒体资源呈现、交互式教与学、过程大数据记录于一体，对内容丰富、形式多样的各类资源重新进行适合各类终端浏览的排版设计和互动设计，不仅可满足不同群体的学习需求，也为读者提供了便捷、丰富、互动、学习过程可追溯的全新教材学习体验。

本书配套了重要知识点的微课视频，可通过扫描书中二维码获取。同时，本书还提供了多媒体课件 PPT，可登录 www.cipedu.com.cn 免费下载。

本书由河北工业职业技术大学谷洪雁、刘玉、刘星担任主编；由河北工业职业技术大学张磊、刘芳、段文琪，河北劳动关系职业学院刘玉美担任副主编；河北工业职业技术大学李岩、孙晓波，防灾科技学院刘敬严等同志也共同参与了编写。河北工业职业技术大学尹素花教授审阅了全书。

本书编写过程中编者查阅、检索了工程结算与审计方面的信息资料和有关专家、学者的著作，在此表示衷心的感谢，也对广联达科技股份有限公司给予的大力支持和帮助表示感谢！

由于编者水平有限，书中不足之处在所难免，敬请读者不吝指正。

编者

2024 年 3 月

目录

模块一 工程结算基本知识 (1)

模块四 工程数字化结算 ⑥⑥

模块五 工程项目决策阶段审计 ⑩⓪⓪

模块六　工程项目实施阶段审计　126

模块七　工程项目投产阶段审计 （157）

参考文献 （172）

二维码资源目录

模块一

工程结算基本知识

 知识目标

- 掌握工程结算的概念。
- 掌握工程结算的方式。
- 掌握工程结算的编制依据。
- 熟悉工程结算的编制程序和方法。
- 掌握竣工结算与竣工决算的区别与联系。

 技能目标

  能够正确选择工程结算的方法。

素质目标

- 具有严谨求实、认真负责的工作态度。
- 具有成本管理意识、追求卓越的工匠精神。

工程结算是建设单位与施工单位之间办理工程价款结算的一种方法。同时，工程结算也是反映项目实际造价的技术经济文件，是开发商进行经济核算的重要依据。每项工程完工后，承包商在向开发商提交有关技术资料和竣工图纸的同时，都要编制工程结算，办理财务结算。工程结算一般应在竣工验收后这个月内完成，竣工结算是由承包商编制的。通过本模块的学习，要求能够掌握工程结算的基本知识，加深对工程结算的理解、认识。

 引例

某工程（采用定额计价）合同约定基础按实结算，结算时发现其基槽开挖宽度超出定额工程量计算规则规定的宽度（即按基础底宽加工作面），建设单位与施工单位发生了分歧。建设单位认为，其超出定额工程量计算规则的部分，属于施工措施，按合同"超出设计部分不予计量"的规定，只可按定额工程量计算规则计算工程量；施工单位则认为，既然合同约定为"按实结算"，应按实际开挖的基槽宽度结算。那么什么是按实结算呢？

1.1 工程结算的概念

1.1.1 工程结算的定义

工程结算是指施工企业按照承包合同和已完工程量向建设单位（业主）办理工程价款清算的经济文件。由于工程建设周期长，耗用资金数量大，为使建筑安装企业在施工中耗用的资金及时得到补偿，需要对工程价款进行中间结算（进度款结算）、年终结算，全部工程竣工验收后应进行竣工结算。工程结算是工程项目承包中一项十分重要的工作。

1-1 **工程结算概念**

1.1.2 工程结算相关术语

（1）工程结算

工程结算是发承包双方依据约定的合同价款的确定和调整以及索赔等事项，对合同范围内部分完成、中止、竣工工程项目进行计算和确定工程价款的文件。

（2）竣工结算

竣工结算是建设单位与施工单位之间办理工程价款结算的一种方法，是指工程项目竣工以后甲乙双方对该工程发生的应付、应收款项做最后清理结算。

（3）竣工决算

竣工决算是甲方在全部工程或某一期工程完工后编制的，它是反映竣工项目的建设成果和财务情况的总结性文件。它是办理竣工工程交付使用验收的依据，是交工验收文件的组成部分。它综合反映建设计划的执行情况、工程的建设成本、新增的生产能力以及定额和技术经济指标的完成情况等。小型工程项目上的竣工决算，一般只做竣工财务决算表。

（4）分包工程结算

分包工程结算是总包人与分包人依据约定的合同价款的确定和调整以及索赔等事项，对完成、中止、分包工程项目进行计算和确定工程价款的文件。

（5）工程造价咨询企业

工程造价咨询企业是取得建设行政主管部门授予的工程造价咨询资质，具有独立法人资格，从事工程造价咨询活动的企业。

（6）造价工程师

造价工程师是取得建设行政主管部门颁发的造价工程师注册证书，在一个单位注册，从事建设工程造价活动的专业人员。

（7）甲方

甲方指业主、建设单位、招标人，是建筑工程的投资人。

（8）乙方

乙方指承包商、施工单位、投标人，是建筑工程的生产人。

（9）中介（方）

中介（方）指造价咨询单位，是受雇于业主，尽量将恰当的风险分摊给承包商，从而协助业主将所承受的风险减至最低者。

1.2　工程结算的方式

我国采用的工程结算方式主要包括：按月结算、竣工结算、分阶段结算、目标结算和结算双方约定的其他结算方式。

1-2　工程结算方式

1.2.1　按月结算

按月结算指实行旬末或月中预支、月终结算、竣工后清算的方法。

跨年度竣工的工程，在年终进行工程盘点，办理年度结算。实行旬末或月中预支、月终结算办法的工程合同，应分期确认合同价款收入的实现，即各月份终了，与发包单位进行已完工程价款结算时，确认为承包合同已完工部分的工程收入的实现，本期收入额为月终结算的已完工程价款金额。

1.2.2　竣工结算

建设项目或单项工程全部建筑安装工程建设期在 12 个月以内，或者工程承包价值在 100 万元以下的，可以实行工程价款每月月中预支，竣工后一次结算。

知识拓展

《建设工程施工合同（示范文本）》（2022 版）中对竣工结算的详细规定如下：

① 工程竣工验收报告经发包方认可后 28 天内，承包方向发包方递交竣工结算报告及完整的结算资料，双方按照协议书约定的合同价款及专用条款约定的合同价款调整内容，进行工程竣工结算。

② 发包方收到承包方递交的竣工结算报告及结算资料后 28 天内进行核实，给予确认或者提出修改意见。发包方确认竣工结算报告后通知经办银行向承包方支付工程竣工结算价款。承包方收到竣工结算价款后 14 天内将竣工工程交付发包方。

③ 发包方收到竣工结算报告及结算资料后 28 天内无正当理由不支付工程竣工结算价款，从第 29 天起按承包方同期向银行贷款利率支付拖欠工程价款的利息，并承担违约责任。

④ 发包方收到竣工结算报告及结算资料后 28 天内不支付工程竣工结算价款，承包方可以催告发包方支付结算价款。若发包方在收到竣工结算报告及结算资料后 56 天内仍不支付，承包方可以与发包方协议将该工程折价，也可以由承包方向人民法院申请将该工程依法拍卖，承包方就该工程折价或者拍卖的价款优先受偿。

1.2.3 分阶段结算

在签订的施工发承包合同中，按工程特征划分不同阶段来实施和结算。该阶段合同工作内容已完成，经发包人或有关机构中间验收合格后，由承包人在原合同分阶段的价格基础上编制调整价格并提交发包人审核签认的工程价格，它是表达该工程不同阶段造价和工程价款结算依据的工程中间结算文件。

1.2.4 目标结算

目标结算即在工程合同中，将承包工程的内容分解成不同的控制界面，以业主验收控制界面作为支付工程款的前提条件。也就是说，将合同中的工程内容分解成不同的验收单元，当施工单位完成单元工程内容并经业主验收后，业主支付构成单元工程内容的工程价款。

在目标结算方式下，施工单位要想获得工程价款，必须按照合同约定的质量标准完成界面内的工程内容；要想尽早获得工程价款，施工单位必须充分发挥自己的组织实施能力，在保证质量的前提下，加快施工进度。

1.2.5 结算双方约定的其他结算方式

实行预收备料款的工程项目，在承包合同或协议中应明确发包单位（甲方）在开工前拨付给承包单位（乙方）工程备料款的预付数额、预付时间，开工后扣还备料款的起扣点、逐次扣还的比例，以及办理的手续和方法。

按照我国相关规定，备料款的预付时间应不迟于约定的开工日期前 7 天。发包方不按约定预付的，承包方在约定预付时间 7 天后可以向发包方发出要求预付的通知。若发包方收到通知后仍不能按要求预付，承包方可在发出通知后 7 天停止施工，发包方应从约定应付之日起向承包方支付应付款的贷款利息，并承担违约责任。

1.3 工程结算的编制依据

1.3.1 合同

合同包括施工发承包合同、专业分包合同及补充合同、有关材料和设备采购合同。

1.3.2 书证

① 招投标文件，包括招标答疑文件、投标承诺、中标报价书及其组成内容。

② 工程竣工图或施工图、施工图会审记录、经批准的施工组织设计，以及设计变更、工程洽商和相关会议纪要。

③ 经批准的开竣工报告或停复工报告。

1-3 工程结算编制依据

④ 建设工程工程量清单计价规范或工程预算定额、费用定额及价格信息、调价规定等。

⑤ 工程预算书。

⑥ 影响工程造价的相关资料。

⑦ 安装工程定额基价。

⑧ 结算编制委托合同。

1.3.3 物证

工程结算的标的建筑物本身即为物证。

1.3.4 权威资料

① 国家有关法律、法规、规章制度和相关的司法解释。

② 国务院建设行政主管部门以及各省、自治区、直辖市和有关部门发布的工程造价计价标准、计价办法、有关规定及相关解释。

③《建设工程工程量清单计价规范》（GB 50500—2013）或工程预算定额、费用定额及价格信息、调价规定等。

1.3.5 编制要求

① 工程结算一般在工程经过发包人或有关单位验收合格后方可进行。

② 工程结算应以施工发承包合同为基础，按合同约定的工程价款调整方式，对原合同价款进行调整。

③ 在工程结算中应核查设计变更、工程洽商等工程资料的合法性、有效性、真实性和完整性。对有疑义的工程实体项目，应视现场条件和实际需要核查隐蔽工程。

④ 建设项目由多个单项工程或单位工程构成的，应按建设项目划分标准的规定，将各单项工程或单位工程竣工结算汇总，编制相应的竣工结算书并撰写编制说明。

⑤ 实行分阶段结算的工程，应将各阶段竣工结算汇总，编制竣工结算书，并撰写编制说明。

⑥ 实行专业分包结算的工程，应将各专业分包结算汇总在相应的单项或单位工程竣工结算内，并撰写编制说明。

⑦ 竣工结算编制应采用书面形式，有电子文本要求的应一并报送与书面形式内容一致的电子版本。

⑧ 工程结算应严格按工程结算编制程序进行编制，做到程序化、规范化，结算资料必须完整。

1.4 工程结算的编制程序

1.4.1 准备阶段

① 收集与工程结算相关的编制依据。

② 熟悉招标文件、投标文件、施工合同、施工图纸等相关资料。

③ 掌握工程项目发承包方式、现场施工条件、应采用的工程计价标准、定额、费用标

准、材料价格变化等情况。

④ 对工程结算编制依据进行分类、归纳、整理。

⑤ 召集工程结算人员对工程结算涉及的内容进行核对、补充和完善。

1-4 工程结算
编制程序

1.4.2 编制阶段

① 根据竣工图、施工图以及施工组织设计进行现场踏勘，对需要调整的工程项目进行观察、对照、必要的现场实测和计算，做好书面或影像记录。

② 按既定的工程量计算规则计算须调整的分部分项、施工措施项目或其他项目工程量。

③ 按招标文件、施工发承包合同规定的计价原则和计价办法对分部分项、施工措施项目或其他项目进行计价。

④ 对于工程量清单或定额缺项以及采用新材料、新设备、新工艺的，应根据施工过程中的合理消耗和市场价格，编制综合单价或单位估价分析表。

⑤ 工程索赔：应按合同约定的索赔处理原则、程序和计算方法，提出索赔费用，经发包人确认后作为结算依据。

⑥ 汇总计算工程费用，包括编制分部分项费、施工措施项目费、其他项目费或直接费、间接费、利润和税金等表格，初步确定竣工结算价格。

⑦ 编写编制说明。

⑧ 计算主要技术经济指标。

⑨ 提交结算编制的初步成果文件，待校对，审核。

1.4.3 定稿阶段

① 工程结算审核人对初步成果文件进行审核。

② 工程结算审定人对审核后的初步成果文件进行审定。

③ 工程结算编制人、审核人、审定人分别在竣工结算成果文件上署名，并应加盖造价工程师或造价员执业或从业印章。

④ 工程结算文件经编制、审核、审定后，工程造价咨询企业的法定代表人或其授权人在成果文件上签字或盖章。

⑤ 工程造价咨询企业在正式的竣工结算文件上加盖工程造价咨询企业执业印章。

1.5 工程结算的编制方法

对工程结算的编制应区分合同类型，采用相应的编制方法。

1-5 竣工结算
编制方法

（1）采用总价合同

应在合同价基础上对设计变更、工程洽商以及工程索赔等合同约定可以调整的内容进行调整。

（2）采用单价合同

应计算或核定竣工图或施工图以内的各个分部分项工程量，依据合同约定的方式确定分部分项工程项目价格，并对设计变更、工程洽商、施工措施以及工程索赔等内容进行调整。

（3）采用可调价合同

双方应在合同中约定价格的调整方法，一般常见的风险调整因素有：①法律、行政法规和国家有关政策变化影响合同价款；②工程造价管理机构发布的价格调整；③经批准的设计变更；④一周内非乙方原因停水、停电、停气造成停工累计超过 8 小时；⑤甲方更改经审定批准的施工组织设计（修正错误除外）造成费用增加；⑥双方约定的其他因素。可调价格合同有点类似传统意义上的按实结算制度，这种按实结算形式常常发生在直接发包的工程上。

 【案例1-1】

某基础土方工程，采用可调价格合同，按实结算。承包方采用挖基槽方案中标。中标后，承包方想方设法以种种理由变更投标施工方案，尽可能修改为大开挖方案。按实结算是否有可能导致工程造价增加？

【分析】对于一般多层建筑工程，如果采用挖基槽方案，基础土方工程造价通常只占工程总造价的 2% 左右，由于挖方量少，准备回补的土方放到现场而无须倒运。但是，如果采用大开挖方案，挖方量将会增加 5 ~ 10 倍，大量的土方将无法堆放在现场，需要运到场外临时堆土点。大开挖方案的基础土方工程造价（按定额计价）就可能会比挖基槽方案高出 5 ~ 15 倍，即从原来占工程总造价的 2%，上升到 10% ~ 30%。

（4）采用成本加酬金合同

应依据合同约定的方法计算各个分部分项工程以及设计变更、工程洽商、施工措施等内容的工程成本，并计算酬金及有关税费。

工程合同类型与结算计价方式的对应关系如图 1-1 所示。

由图 1-1 可知，合同类型与计价方式不存在一一对应关系，每种合同类型均可选择定额或清单两种不同的计价方式；反之，定额、清单任一计价方式可选取任一合同类型。

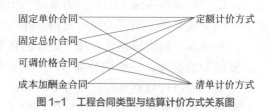

图1-1　工程合同类型与结算计价方式关系图

知识拓展

如何选择清单计价的合同类型？

甲乙双方按《建设工程工程量清单计价规范》（GB 50500—2013）签订施工合同时，宜采用固定单价合同方式。若采用固定总价合同方式，投标人应在开标前复核工程量清单中工程量的准确性，招标人应提供合理的复核时间。招标人和投标人在开标前，对工程量清单中工程量的准确性不能确认时，应在合同中约定清单中工程量出现差异时的调整办法。

1.5.1　定额计价法

工程结算套用定额的分部分项工程量、措施项目工程量和其他项目工程量，以及为完成所有工程量和其他项目而产生并按规定计算的人工费、材料费和设备费、机械费、间接费、利润和税金。

工程结算的编制大体与施工图预算的编制相同，但工程结算更加注意反映工程实施中的增减变化，反映工程竣工后的实际经济效果。工程实践中，增减变化主要集中在以下几个方面：

（1）工程量量差

工程量量差即按照施工图计算的工程数量与实际施工时的工程数量不符而产生的差额。造成量差的主要原因有施工图预算错误、设计变更与设计漏项、现场签证等。

（2）材料价差

材料价差是指合同规定的开工至竣工期内，因材料价格变动而发生的价差，一般分为主材的价格调整和辅材的价格调整。主材价格调整主要是依据行业主管部门、行业权威部门发布的材料信息价格或双方约定认同的市场价格的材料预算价格以及定额规定的材料预算价格进行调整，一般采用单项调整。辅材价格调整，主要是按照有关部门发布的地方材料基价调整系数进行调整。

（3）费用调整

费用调整主要有两种情况，一种是从量调整，另一种是政策调整。因为费用（包括间接费、利润、税金）是以直接费（或人工费，或人工费和机械费）为基础进行计取的，工程量的变化必然影响到费用的变化，这就是从量调整。在施工期间，国家可能有费用变化政策出台，对这种政策变化一般是要调整的，这就是政策调整。

（4）其他调整

例如，有无索赔事项，乙方使用甲方水电费用的扣除等。

定额计价模式下竣工结算的编制方法大致可分为以下三种：

1.5.1.1 增减账法

竣工结算价 = 合同价 + 变更 + 索赔 + 奖罚 + 签证

以中标价格或施工图预算为基础，加增减变化部分进行竣工结算，操作步骤如下：

（1）收集竣工结算的原始资料，并与竣工工程进行观察和对照

结算的原始资料是编制竣工结算的依据，必须收集齐全。在熟悉时要深入细致，并进行必要的归纳整理，一般按分部分项工程的顺序进行。根据原有施工图纸、结算的原始资料，对竣工工程进行观察和对照，必要时应进行实际丈量和计算，并做好记录。如果工程的做法与原设计施工要求有出入，也应做好记录。在编制竣工结算时，要本着实事求是的原则，对这些有出入的部分进行调整（调整的前提是取得相应的签证资料）。

（2）计算增减工程量，依据合同约定的工程计价依据（预算定额）套用每项工程的预算价格

合同价格（中标价）或经过审定的原施工图预算基本不再变动，作为结算的基础依据。根据原始资料和对竣工工程进行观察的结果，计算增加和减少的原合同约定工作内容或施工图外工程量，这些增加或减少的工程量或是设计变更和设计修改造成的，或是其他原因造成的现场签证项目等。套用定额子目的具体要求与编制施工图预算定额相同，要求准确合理。

计算的方法：可按变更与签证批准的时间顺序分别计算每个单据的增减工程量，如表 1-1 所示；也可根据变更单与签证的编号或事后编号，按编号顺序分别计算增减工程量，如表 1-2 所示。

表 1-1　直接费计算表（一）

序号	定额编号	定额名称	单位 /m³	工程量	单价 / 元	合价 / 元
...						

续表

序号	定额编号	定额名称	单位 /m³	工程量	单价 / 元	合价 / 元
			××××年××月××日变更单			
10	5-26	C20 现浇钢筋混凝土构造柱	10	−0.259	8152.27	−2111.44
11	5-30	C20 现浇钢筋混凝土圈梁	10	0.017	6288.29	106.90
12	3-6	M5.0 混合砂浆混水砖墙	10	0.202	1536.18	310.31
		小计				−1694.23
			××××年××月××日签证			
...						

表 1-2　直接费计算表（二）

序号	定额编号	定额名称	单位 /m³	工程量	单价 / 元	合价 / 元
...						
			2 号变更单			
10	5-26	C20 现浇钢筋混凝土构造柱	10	−0.259	8152.27	−2111.44
11	5-30	C20 现浇钢筋混凝土圈梁	10	0.017	6288.29	106.90
12	3-6	M5.0 混合砂浆混水砖墙	10	0.202	1536.18	310.31
		小计				−1694.23
			3 号变更单			
...						

（3）调整材料价差

根据合同约定的方式，按照材料价格签证、地方材料基价调整系数调整材差。

（4）计算工程费用

计算工程费用常用方法有以下两种。

① 一种方法是集中计算费用法，步骤如下：

◆ 计算原有施工图预算的直接费。

◆ 计算增加或减少工程部分的直接费。

竣工结算的直接费等于前两项的合计。

◆ 按合同规定取费标准分别计取间接费、利润、税金，计算出工程的全部税费，求出工程的最后实际造价。

② 另一种方法是分别取费法，主要适用于工程的变更、签证较少的项目，其步骤如下：

◆ 先将施工图预算与变更、签证等增减部分合计以计算直接费。

◆ 再按取费标准计取间接费、利润、税金，汇总合计，即得出竣工结算最终工程造价。

目前竣工结算的编制基本已实现了电算化，上机套价已基本普及，编制时相对容易些。编制时可根据工程特点和实际需要自行选择以上任一方式或双方约定的其他方式。

注： 如果有索赔、奖罚与优惠等事项亦要并入结算。

1.5.1.2 竣工图重算法

竣工图重算法是以重新绘制的竣工图为依据进行竣工结算。竣工图是工程交付使用时的实样图。

竣工图的内容主要包括：

① 工程总体布置图、位置图、地形图并附竖向布置图。

② 建设用地范围内的各种地下管线工程综合平面图（要求注明平面、高程、走向、断面、跟外部管线衔接关系，复杂交叉处应有局部剖面图等）。

③ 各土建专业和有关专业的设计总说明书。

④ 建筑专业资料。包括：设计说明书；总平面图（包括道路、绿化）；房间做法名称表；各层平面图（包括设备层及屋顶、人防图）；立面图、剖面图；较复杂的构件大样图；楼梯间、电梯间、电梯井道剖面图，电梯机房平面、剖面图；地下部分的防水防潮、屋面防水、外墙板缝的防水及变形缝等的做法大样图；防火、抗震（包括隔震）、防辐射、防电磁干扰以及"三废"治理等图纸。

⑤ 结构专业资料。包括：设计说明书；基础平面、剖面图；地下部分各层墙、柱、梁、板平面图、剖面图，以及板、柱节点大样图；地上部分各层墙、柱、梁、板平面图、大样图，以及预制梁、柱节点大样图；楼梯剖面大样图，电梯井道平面、剖面图，墙板连接大样图；钢结构平面、剖面图以及节点大样图；重要构筑物的平面、剖面图。

⑥ 其他专业资料（略）。

以重新绘制的竣工图为依据进行竣工结算就是以能准确反映工程实际竣工效果的竣工图为依据，重新编制施工图预算的过程，所不同的是编制依据不是施工图，而是竣工图。以竣工图为依据编制竣工结算主要适用于设计变更、签证的工程量较多且影响又大的项目，可将所有的工程量按变更或修改后的设计图重新计算工程量。

1.5.1.3 包干法

常用的包干法包括施工图预算加系数包干法和平方米造价包干法。

（1）施工图预算加系数包干法

这种方法是事先由甲乙双方共同商定包干范围，按施工图预算加上一定的包干系数作为承包基数，实行一次包死。如果发生包干范围以外的增加项目，如增加建筑面积、提高原设计标准或改变工程结构等，必须由双方协商同意后方可变更，并随时填写工程变更结算单，经双方签证后作为结算工程价款的依据。实际施工中未发生超过包干范围的事项，结算不做调整。采用包干法时，合同中一定要约定包干系数的包干范围。常见的包干范围一般包括：

① 正常的社会停水、停电，即每月 1 天以内（含 1 天，不含正常节假日、双休日）的停窝人工、机械损失；

② 在合理的范围内钢材每米实际质量与理论质量在 ±5% 以内的差异所造成的损失；

③ 由乙方负责采购的材料，因规格、品种不全而发生代用（水泥、钢筋、混凝土、砂浆、砂除外）或因采购、运输数量亏损、价格上扬而造成的量差和价差损失；

④ 甲乙双方签订合同后，施工期间因材料价格频繁变动而当地造价管理部门未及时下达政策性调整规定所造成的差价损失；

⑤ 乙方根据施工规范及合同的工期要求或为局部赶工自行安排夜间施工所增加的费用；

⑥ 在不扩大建筑面积、不提高设计标准、不改变结构形式、不变更使用用途、不提高装修档次的前提下，确因实际需要而发生的门窗移位、墙壁开洞、个别小修小改及较为简单的基础处理等设计变更所引起的小量赶工费用（额度由双方约定）；

⑦ 双方约定的其他情形。

（2）平方米造价包干法

由于住宅工程的平方米造价相对固定、透明，一般住宅工程较适合按建筑面积包干结算。实际操作方法是：甲乙双方根据工程资料，事先协商好包干平方米造价，并按建筑面积计算出总造价。计算公式为：

$$工程总造价 = 总建筑面积 × 约定平方米造价$$

合同中应明确注明约定平方米造价与工程总造价，在工程竣工结算时一般不再办理增减调整。除非合同约定可以调整的范围，并且事项发生在包干范围之外，结算时仍可以调整造价。

 【案例1-2】

甲公司（房地产开发商）与乙公司（建筑公司）签订建筑工程承包合同，约定由乙公司承包甲公司某开发项目的工程建设，造价1200万元，图纸范围内一次性总包。施工过程中，甲公司进行了部分设计变更，使该项目某些部分工程量增加，某些部分工程量减少，总体比较后工程量有所减少。至2021年1月工程竣工时，甲公司付款789万元，余款未再支付，并要求进行工程价款调差。乙公司遂提起诉讼，称合同约定价款1200万元，一次性包死，即价格不再变更，而甲公司仅支付789万元，故甲公司应支付尾款411万元。后法院委托有关部门对设计变更进行审核，确定工程款应调减97万元。最终法院判决甲公司支付工程尾款314万元。请对此案例进行解读。

【分析】合同约定的一次性包死，是指工程款在原设计范围内或约定变更范围内的一次包死。若设计不变，价款不变；若发生设计变更或超出约定的变更范围，仍应对变更部分进行结算，工程量增加部分相应增加价款，工程量减少部分相应减少价款。

1.5.2 清单计价法

工程结算采用工程量清单计价时，结算方式如下。

（1）分部分项工程量和措施项目工程量相关费用

即为完成所有工程量而产生并按规定计算的人工费、材料费和设备费、机械费、间接费、利润和税金。

分部分项工程量费用应依据双方确认的工程量、合同约定的综合单价计算。如发生调整，以发承包双方确认调整的综合单价计算。

措施项目费应依据合同约定的项目和金额计算。如发生调整，以发承包双方确认调整的金额计算。

（2）分部分项和措施项目以外的其他项目所需计算的各项费用

其他项目费用应按下列规定计算：

① 计日工应按发包人实际签证确认的事项计算。

② 暂估价中的材料单价应按发承包双方最终确认价在综合单价中调整；专业工程暂估价应按中标价或发包人、承包人与分包人最终确认价计算。

③ 总承包服务费应依据合同约定金额计算。如发生调整，以发承包双方确认调整的金额计算。

④ 索赔费用应依据发承包双方确认的索赔事项和金额计算。

⑤ 现场签证费用应依据发承包双方签证资料确认的金额计算。

⑥ 暂列金额应进行减去工程价款调整与索赔、现场签证金额计算，如有余额，归发包人。

（3）采用工程量清单或定额计价的竣工结算

它还应包括设计变更和工程变更费用、索赔费用、合同约定的其他费用。

总体上看，工程量清单计价模式下竣工结算的编制方法和传统定额计价结算的大框架差不多，清单更明了。对于变更，这种模式下在变更发生时就知道对造价的影响（清单可采用已有或类似单价），不像定额方式，到结算时业主可能才知道造价是多少，才知道不该随意变更，但为时已晚。

各种合同类型下的结算方式见表1-3。

表 1-3 结算方式归纳表

清单类型	固定单价合同	固定总价合同	可调价格合同	成本加酬金合同
分部分项清单	∑（实际工程量 × 计划单价）	∑（计划工程量 × 计划单价）	按合同约定的调整方法	∑［实际工程量 ×（单位成本 + 单位利润）］
措施项目清单	一般不调，除非合同约定可调	一般不调，除非合同约定可调	按合同约定的调整方法	∑［实际工程量 ×（单位成本 + 单位利润）］
其他项目清单	按实结算	事前确定	按合同约定的调整方法	∑［实际工程量 ×（单位成本 + 单位利润）］
规费、税金清单	随以上调整	一般固定	随以上调整	一定比率

1.6 竣工结算与竣工决算的区别与联系

1.6.1 竣工结算与竣工决算的区别

（1）竣工结算

竣工结算是指在工程竣工验收阶段，在工程经验收质量合格，并符合合同要求之后，按合同调价范围和调价方法，对实际发生的工程量增减、设备和材料价差等进行调整后计算和确定的价格，反映的是工程项目的实际造价，它是最终工程价款结算。竣工结算分为单位工程竣工结算、单项工程竣工结算和建设项目竣工总结算。竣工结算工程价款等于合同价款加上施工过程中合同价款调整数额。

1-6 竣工结算与竣工决算的区别与联系

竣工结算一般由工程承包单位编制，由工程发包单位审查，也可以委托具有相应资质的工程造价咨询机构进行审查。

（2）竣工决算

竣工决算是在工程竣工决算阶段，以实物数量和货币指标为计量单位，综合反映竣工项目从筹建开始到项目竣工交付使用为止的全部建设费用、建设成果和财务情况的总结性文件，是竣工验收报告的重要组成部分。竣工决算是正确核定新增固定资产价值、考核分析投资效果、建立健全经济责任制的依据，是反映建设项目实际造价和投资效果的文件。竣工决算一般由工程建设单位编制，上报相关主管部门审查。

竣工决算包括从筹建到竣工投产全过程的全部实际费用，包括建筑工程费、安装工程费、设备工器具购置费用及预备费和投资方向调节税等费用。按照财政部、国家发展和改革委员会（简称国家发改委）、住房和城乡建设部（简称住建部）的有关文件规定，竣工决算由竣工财务决算说明书、竣工财务决算报表、工程竣工图和工程竣工造价对比分析四部分组成。前两部分又称建设项目竣工财务决算，是竣工决算的核心内容。

注： 竣工决算是在建设项目或单项工程完工后，由建设单位财务及有关部门编制的。

（3）两者的区别

① 范围不同

竣工结算确定的是工程施工安装阶段的工程价款，如安装竣工结算、土建竣工结算等；而竣工决算不但包含工程施工安装阶段的投资完成额，还要包括工程前期费用和竣工结算以后发生的后续费用，如可行性研究费、环境安全评价费、勘察设计费、工程建设管理费、监理费、贷款利息、审计费、竣工验收费等。

② 主体不同

竣工结算是在甲乙双方之间进行，有两个平等的结算主体；而竣工决算是由甲乙双方对工程发生的费用进行归集、分配、汇总编制的，只有一个主体。

③ 时间不同

竣工结算是竣工决算的基础，只有在竣工结算完成后才能办理竣工决算，所以竣工结算时间在前，竣工决算时间在后。

④ 作用不同

竣工结算确定的是工程施工单位向工程建设单位收取的工程价款，反映的是工程项目建设阶段性的工作成果；竣工决算反映的是综合、全面、完整的工程项目建设的最终成果。

⑤ 主管部门不同

随着我国改革开放的不断深入，特别是近年来国有企业经过重组改制，很多单位已将结算中心从财务部门分离出来，专门从事本单位的货币资金结算工作。在这种运行体制下，竣工结算资金的拨付是由建设单位的结算部门主管，竣工决算是由单位的财务部门主管。

1.6.2 竣工结算与竣工决算的联系

① 竣工结算和竣工决算都是在工程完工后进行。无论是办理竣工结算或竣工决算都必须以工程完工为前提条件。

② 竣工结算和竣工决算都要使用同一工程资料。如工程立项文件、设计文件、工程概算及预算资料等。

③ 竣工结算是竣工决算的组成部分。竣工结算总额是工程施工建设阶段的投资总额。

技能训练

一、单项选择题

1. 工程价款结算的主要内容中，（　　）是表达该工程不同阶段造价和工程价款结算依据的工程中间结算文件。

    A. 竣工结算   B. 专业分包结算

    C. 分阶段结算   D. 合同中止结算

2. 关于工程合同价款约定的要求，说法不正确的是（　　）。

    A. 采用工程量清单计价的工程宜采用总价合同

    B. 招标文件与中标人投标文件不一致的地方，以投标文件为准

    C. 实行招标的工程，合同约定不得违背招标、投标文件中关于造价等方面的实质性内容

    D. 不实行招标的工程合同价款，在发承包双方认可的工程价款基础上，由发承包双方在合同中约定

3. 根据《建设工程价款结算暂行办法》，发包人应在一定时间内预付工程款，否则，承包人应在预付时间到期后的一定时间内发出要求预付工程款的通知，若发包人仍不预付，则承包人可在发出通知的（　　）天后停止施工。

    A. 7   B. 10   C. 14   D. 28

二、多项选择题

1. 我国采用的竣工结算方式主要包括（　　）。

    A. 按月结算   B. 竣工结算   C. 分阶段结算

    D. 目标结算   E. 结算双方约定的其他结算方式

2. 根据《建设项目工程结算编审规程》，工程价款结算主要包括（　　）。

    A. 分阶段结算   B. 专业分包结算   C. 预付款结算

    D. 合同中止结算   E. 竣工结算

三、名词解释

1. 竣工结算。

2. 竣工决算。

四、简答题

1. 竣工结算与竣工决算的区别是什么？

2. 竣工结算的编制程序分为哪些阶段？

3. 竣工结算的编制方法有哪些？

模块二

工程结算编制

 知识目标

- 掌握工程预付款的概念及其计算方法。
- 掌握工程进度款的计算与支付方法。
- 掌握工程质量保证金的计算与扣留方式。
- 掌握工程变更和合同价款的调整方式。
- 掌握工程索赔的处理原则和计算方法。
- 熟悉工程价款的结算程序。

 技能目标

- 能够完成工程预付款的申请与支付。
- 能够完成工程进度款的计算与支付。
- 能够处理工程索赔事件并编制索赔报告。
- 能够完成工程结算文件编制及最终结清。

 素质目标

- 具有敏锐的市场洞察力，能科学严谨地进行工程结算。
- 具有高尚的职业操守，不随意泄露企业商业机密。

工程结算是反映工程进度的主要指标。在施工过程中，工程结算的依据之一就是按照已完的工程进行结算，累计已结算的工程价款占合同总价款的比例能够近似反映出工程的进度情况；同时，工程结算是加速资金周转的重要环节。施工单位尽快尽早地结算工程款，有利于偿还债务，有利于资金回笼，降低内部运营成本。工程结算是考核经济效益的重要指标。对于施工单位来说，只有工程款如数地结清，才意味着避免了经营风险，施工单位也才能够获得相应的利润，进而取得良好的经济效益。

综上所述，全面系统地完成工程结算是工程项目承包中一项十分重要的工作。

引例

2019 年某工程完工后，乙方依据后来变化的施工图做了结算，结算仍然采用清单计价方式，结算价是 1200 万元，另外还有 200 万元的洽商变更（此工程未办理竣工图和竣工验收报告，不少材料和做法变更也没有签字）。

咨询公司在对此工程审计时发现，乙方结算报价与合同价格不符，且结算的综合单价和做法与投标也不尽一致，另外施工图与投标时图纸相比变化很大，已经不符合招标文件规定的条件了。因此，决定以定额计价结算的方式进行审计，将结算施工图全部重算，措施费用也重新计算。得出的审定价格大大低于乙方的结算价。而乙方以有清单中标价为由，坚持以清单方式结算，不同意调整综合单价费用和措施费。双方争执不下，谈判陷入僵局。这种工程结算纠纷如何解决？

2.1　前期支付

2.1.1　工程预付款

工程预付款是建设工程施工合同订立后由发包人按照合同约定，在正式开工前预先支付给承包人的工程款。它是施工准备和所需要材料、结构件等流动资金的主要来源，习惯上又称预付备料款。

2-1　工程预付款的支付

2.1.1.1　工程预付款的支付

工程预付款的具体事宜由发承包双方根据建设行政主管部门的规定，结合工程款、建设工期和包工包料情况在合同中约定。在《建设工程施工合同（示范文本）》（GF-2017-0201）中，对工程预付款的支付做了如下约定。

① 预付款的支付按照专用合同条款约定执行，但至迟应在开工通知载明的开工日期 7 天前支付。预付款应当用于材料、工程设备、施工设备的采购及修建临时工程、组织施工队伍进场等。

② 除专用合同条款另有约定外，预付款在进度付款中同比例扣回。在颁发工程接收证书前，提前解除合同的，尚未扣完的预付款应与合同价款一并结算。

③ 发包人逾期未支付预付款超过 7 天的，承包人有权向发包人发出要求预付的催告通知；发包人收到通知后 7 天内仍未支付的，承包人有权暂停施工，并按发包人违约的情形执行。

④ 对于工程预付款额度，各地区、各部门的规定不完全相同，主要应保证施工所需材料和构件的正常储备。一般是根据施工工期、建安（建筑和安装）工作量、主要材料和构件费用占建安工作量的比例以及材料储备周期等因素经测算来确定。发包人根据工程的特点、工期长短、市场行情、供求规律等因素，招标时在合同条件中约定工程预付款的百分比。工程预付款支付的方法如下：

a. 百分比法：包工包料工程的预付款的支付比例不得低于签约合同价（扣除暂列金额）的 10%，不宜高于签约合同价（扣除暂列金额）的 30%。

b. 公式计算法：

$$工程预付款数额 = \frac{年度工程总价 \times 材料比例}{年度施工天数} \times 材料储备定额天数 \qquad (2\text{-}1)$$

2.1.1.2 工程预付款的扣回

发包单位拨付给承包单位的备料款属于预支性质，到了工程实施后，随着工程所需主要材料储备的逐步减少，应以抵充工程价款的方式陆续扣回。

2-2 工程预付款的扣回

（1）按合同约定扣款

扣款的方法可以采用在承包方完成工作量对应金额累计达到合同总价的一定比例后，由承包方开始向发包方还款，发包方从每次应付给承包方的金额中扣回工程预付款，发包方至少在合同规定的完工期前将工程预付款的总计金额逐次扣回。

（2）起扣点计算法

从未施工工程尚需的主要材料及构件的价值相当于工程预付款数额时起扣，从每次结算工程款中，按材料比重扣抵工程价款，竣工前全部扣清。该方法对承包人比较有利，最大限度地占用了发包人的流动资金。起扣点的计算公式如下：

$$T = P - \frac{M}{N} \qquad (2\text{-}2)$$

式中　　T——起扣点，即预付备料款开始扣回时的累计完成工作量金额；

　　　　M——预付备料款数额；

　　　　N——主要材料所占比重；

　　　　P——承包工程价款总额。

知识拓展

如果承包合同中约定，工程质量保证金从承包人每月的工程款中按比例扣留的话，工程预付款起扣点应为：

$$T = P(1-K) - \frac{M}{N}$$

式中，T 为起扣点，即预付款开始扣回时的累计应付工程款（累计完成工作量金额－相应质量保证金）；K 为质量保证金率；M 为预付备料款数额；N 为主要材料、构件所占比重；P 为承包工程价款总额（或建筑安装工作量价值）。

2.1.1.3 工程预付款担保

发包人要求承包人提供预付款担保的，承包人应在发包人支付预付款 7 天前提供预付款担保，专用合同条款另有约定的除外。预付款担保可采用银行保函、担保公司担保等形式，具体由合同当事人在专用合同条款中约定。在预付款完全扣回之前，承包人应保证预付款担保持续有效。

发包人在工程款中逐期扣回预付款后，预付款担保额度应相应减少，但剩余的预付款担保金额不得低于未被扣回的预付款金额。

2.1.2 安全文明施工费

安全文明施工费全称是安全生产、文明施工措施费，是指按照国家现行的建筑施工安全、施工现场环境与卫生的标准和有关规定，购置和更新施工防护用具及设施、改善安全生产条件和作业环境所需要的费用。

2-3 安全文明施工费

发包人应在工程开工后的 28 天内预付不低于当年施工进度计划的安全文明施工费总额的 60%，其余部分按照提前安排的原则进行分解，与进度款同期支付。

2.1.3 质量保证金

2.1.3.1 质量保证金的概念

发包人与承包人在建设工程施工合同中约定，于建筑工程竣工验收合格并交付使用后，从发包人应付工程款中预留一定比例的款项用以维修建筑工程出现的质量缺陷，这笔款项就称为质量保证金。它主要用于担保竣工验收后的质量。

2-4 质量保证金

质量保证金（保修金）用于确保工程保修所需资金及时到位，是约束施工单位履行保修义务的一项保证措施，因此，应当在保修期限满后方可处理。

2.1.3.2 质量保证金的最低保修期限

2019 年修正的《建设工程质量管理条例》规定，在正常使用条件下，建设工程的最低保修期限为：

① 对于基础设施工程、房屋建筑的地基基础工程和主体结构工程，为设计文件规定的该工程的合理使用年限；

② 对于屋面防水工程及有防水要求的卫生间、房间和外墙面的防渗漏，为 5 年；

③ 对于供热与供冷系统，为 2 个采暖期、供冷期；

④ 对于电气管线、给排水管道、设备安装和装修工程，为 2 年。

其他项目的保修期限由发包方与承包方约定。

建设工程的保修期，自竣工验收合格之日起计算。

若建设工程在保修范围和保修期限内发生质量问题，施工单位应当履行保修义务，并对造成的损失承担赔偿责任。

2.1.3.3 质量保证金的保修范围

住建部 2000 年发布的《房屋建筑工程质量保修办法》规定，下列情况不属于保修范围：

① 因使用不当或者第三方造成的质量缺陷；

② 不可抗力造成的质量缺陷。

保修期限满，如未发生修理费用，或只发生部分应由施工单位承担的修理费用，建设单位应将预留的质量保修金的全部或者余额退还给施工单位，同时连同相应的法定利息一并返还。

2.1.3.4 质量保证金的数额与支付方式

《建设工程质量保证金管理办法》(2017)规定:

发包人应按照合同约定方式预留保证金,保证金总预留比例不得高于工程价款结算总额的3%。合同约定由承包人以银行保函替代预留保证金的,保函金额不得高于工程价款结算总额的3%。

经合同当事人协商一致扣留质量保证金的,应在专用合同条款中予以明确。在工程项目竣工前,承包人已经提供履约担保的,发包人不得同时预留工程质量保证金。

承包人提供质量保证金有以下三种方式:

① 质量保证金保函;

② 相应比例的工程款;

③ 双方约定的其他方式。

除专用合同条款另有约定外,质量保证金原则上采用上述第一种方式。

2.1.3.5 质量保证金的扣留

质量保证金的扣留有以下三种方式。

① 在支付工程进度款时逐次扣留,在此情形下,质量保证金的计算基数不包括预付款的支付、扣回以及价格调整金额;

② 工程竣工结算时一次性扣留质量保证金;

③ 双方约定的其他扣留方式。

除专用合同条款另有约定外,质量保证金的扣留原则上采用上述第一种方式。

《建设工程质量保证金管理办法》(2017)第十一条:发包人在接到承包人返还保证金申请后,应于14天内会同承包人按照合同约定的内容进行核实;如无异议,发包人应当按照约定将保证金返还给承包人;对返还期限没有约定或者约定不明确的,发包人应当在核实后14天内将保证金返还承包人,逾期未返还的,依法承担违约责任;发包人在接到承包人返还保证金申请后14天内不予答复,经催告后14天内仍不予答复,视同认可承包人的返还保证金申请。

2.2 期中支付

2.2.1 工程进度款

工程进度款是指在施工过程中,按逐月(或形象进度,或控制界面等)完成的工程数量计算的各项费用总和。

2.2.1.1 工程进度款的计算

工程进度款的计算主要涉及两个方面,一是工程量的核实确认,二是单价的计算方法。

工程量的核实确认,应由承包人按协议条款约定的时间,向发包人代表提交已完工程量清单或报告。《建设工程施工合同(示范文本)》(GF-2017-0201)约定:发包人代表接到工程量清单或报告后7天内按设计图纸核实已完工程数量,经确认的计量结果,作为工程价款的依据;发包人代表收到已完工程量清单或报告后7天内未进行计量,从第8天起,承包人报告中开列的工程量即视为确认，可作为工程价款支付的依据。

工程进度款单价的计算方法，主要根据由发包人和承包人事先约定的工程价格的计价方法决定。工程价格的计价方法可以分为工料单价法和综合单价法。在选用时，既可采取可调价格的方式，即工程造价在实施期间可随价格变化而调整，也可采取固定价格的方式，即工程造价在实施期间不因价格变化而调整，在工程造价中已考虑价格风险因素并在合同中明确了固定价格所包括的内容和范围。

2.2.1.2 工程进度款的支付

施工企业在施工过程中，按逐月（或按形象进度）完成的工程数量计算各项费用，向发包人办理工程进度款的支付（即中间结算）。

2-5 工程进度款
的支付

以按月结算为例，工程进度款的支付步骤如图 2-1 所示。

图 2-1 工程进度款支付步骤

① 根据确定的工程计量结果，承包人向发包人提出支付工程进度款申请。自承包人提出支付工程进度款申请 14 天内，发包人应按不低于工程价款的 60%、不高于工程价款的 90% 向承包人支付工程进度款。按约定时间发包人应扣回的预付款，与工程进度款同期结算抵扣。

② 若发包人超过约定的支付时间还未支付工程进度款，承包人应及时向发包人发出要求付款的通知。发包人收到承包人通知后仍不能按要求付款，可与承包人协商签订延期付款协议，经承包人同意后可延期支付，协议应明确延期支付的时间和从工程计量结果确认后第 15 天起计算的应付款的利息（利率按同期银行贷款利率计）。

③ 若发包人不按合同约定支付工程进度款，双方又未达成延期付款协议，导致施工无法进行，承包人可停止施工，由发包人承担违约责任。

2.2.1.3 工程进度款的计算案例

 【案例2-1】

2-6 工程进度款
计算案例

某工程项目由 A、B、C 三个分项工程组成，采用工程量清单招标确定中标人，合同工期 5 个月。各月计划完成工程量及综合单价见表 2-1，承包合同规定如下：

① 开工前发包方向承包方支付分部分项工程费的 15% 作为材料预付款。预付款从工程开工后的第 2 个月开始分 3 个月均摊抵扣。

② 工程进度款按月结算，发包方每月支付承包方应得工程款的 90%。

③ 措施项目工程款在开工前和开工后第 1 个月末分两次平均支付。

④ 分项工程累计实际完成工程量超过计划完成工程量的 10% 时，该分项工程超出部分工程量的综合单价调整系数为 0.95。

⑤ 措施项目费以分部分项工程费用的 2% 计取，其他项目费 20.86 万元，规费综合费率为 3.5%（以分部分项工程费、措施项目费、其他项目费之和为基数），税金率为 3.35%。

【问题】① 工程合同价为多少元？

② 列式计算材料预付款、开工前承包方应得措施项目工程款（措施项目费）。

③ 根据表 2-2 计算第 1 个月、第 2 个月造价工程师应确认的工程进度款各为多少元。（计算结果均保留两位小数。）

表 2-1 各月计划完成工程量及综合单价表

分项工程名称	工程量 /m³					综合单价 / (元 /m³)
	第 1 个月	第 2 个月	第 3 个月	第 4 个月	第 5 个月	
A	500	600				180
B		750	800			480
C			950	1100	1000	375

表 2-2 第 1 个月、第 2 个月、第 3 个月实际完成的工程量　　　　　单位：m³

分项工程名称	第 1 个月	第 2 个月	第 3 个月
A	630	600	
B		750	1000
C			950

【分析】掌握单价调整和工程量之间的关系，掌握清单计价模式下投标价格形成的基本公式：

工程合同价 =（分部分项工程费 + 措施项目费 + 其他项目费）×（1+ 规费费率）×（1+ 税金率）

材料预付款 = 分部分项工程费 × 约定比例

【解】① 分部分项工程费 =（500+600）×180+（750+800）×480+（950+1100+1000）×375=2085750.00（元）；

措施项目费 =2085750.00×2%=41715.00（元）；

规费 =（分部分项工程费 + 措施项目费 + 其他项目费）×3.5%=（2085750.00+41715.00+208600.00）×3.5%≈81762.28（元）；

工程合同价 = 分部分项工程费 + 措施项目费 + 其他项目费 + 规费 + 税金
= （2085750.00+41715.00+208600.00+81762.28）×（1+3.35%）
≈ 2498824.49（元）。

② 材料预付款 = 分部分项工程费 ×15%=2085750.00×15%=312862.50（元）；

开工前措施项目费 =41715.00×（1+3.5%）×（1+3.35%）×50%×90%≈20079.62（元）。

③ 第 1 个月、第 2 个月工程进度款计算：

a. 第 1 个月：（630×180+41715.00×50%）×（1+3.5%）×（1+3.35%）×90%≈129250.40（元）。

b. 第 2 个月：

A 分项工程：630+600=1230（m³）>（500+600）×（1+10%）=1210（m³）；

则 [（1210−630）×180+（1230−1210）×180×0.95]×（1+3.5%）×（1+3.35%）≈115332.09（元）。

B 分项工程：750×480×（1+3.5%）×（1+3.35%）=385082.10（元）。

A 与 B 分项工程费合计：115332.09+385082.10=500414.19（元）。

工程进度款：500414.19×90%−312862.50÷3 ≈ 346085.27（元）。

2.2.2 工程变更

2.2.2.1 工程变更概述

工程变更是合同实施过程中由发包人提出或由承包人提出，经发包人批准的对合同工程的工作内容、工程数量、质量要求、施工顺序与时间、施工条件、施工工艺或其他特征及合同条件等的改变。如果承包人不能全面落实变更指令，则扩大的损失应当由承包人承担。

2.2.2.2 工程变更的范围

① 增加或减少合同中任何工作，或追加额外的工作。

② 取消合同中任何工作，但转由他人实施的工作除外。

③ 改变合同中任何工作的质量标准或其他特性。

④ 改变工程的基线、标高、位置和尺寸。

⑤ 改变工程的时间安排或实施顺序。

2-7 工程变更

2.2.2.3 工程变更的价款调整方法

（1）分部分项工程费的调整

工程变更引起分部分项工程项目发生变化的，应按照下列规定调整：

① 已标价工程量清单中有适用于变更工程项目的，且工程变更导致的该清单项目工程数量变化不足 15% 时，采用该项目的单价。直接采用适用的项目单价的前提是其采用的材料、施工工艺和方法相同，也不因此增加关键线路上工程的施工时间。

② 已标价工程量清单中没有适用于但有类似于变更工程项目的，可在合理范围内参照类似项目的单价或总价进行调整。采用类似的项目单价的前提是其采用的材料、施工工艺和方法基本相似，不增加关键线路上工程的施工时间，可仅就其变更后的差异部分，参考类似的项目单价由发承包双方协商新的项目单价。

③ 已标价工程量清单中没有适用于也没有类似于变更工程项目的，由承包人根据变更工程资料、计量规则和计价办法、工程造价管理机构发布的信息（参考）价格和承包人报价浮动率，提出变更工程项目的单价或总价，报发包人确认后调整。承包人报价浮动率可按下列公式计算。

a. 实行招标的工程：

$$承包人报价浮动率L = \left(1 - \frac{中标价}{招标控制价}\right) \times 100\% \tag{2-3}$$

b. 不实行招标的工程：

$$承包人报价浮动率L = \left(1 - \frac{报价}{施工图预算}\right) \times 100\% \tag{2-4}$$

注： 上述公式中的中标价、招标控制价或报价、施工图预算，均不含安全文明施工费。

④ 已标价工程量清单中没有适用于也没有类似于变更工程项目，且工程造价管理机构发布的信息（参考）价格缺价的，由承包人根据变更工程资料、计量规则、计价办法和通过市场调查等有合法依据的市场价格提出变更工程项目的单价或总价，报发包人确认后调整。

（2）措施项目费的调整

工程变更引起措施项目发生变化，承包人提出调整措施项目费的，应事先将拟实施的方案提交发包人确认，并详细说明与原方案措施项目相比的变化情况。拟实施的方案经发承包双方确认后执行，并应按照下列规定调整措施项目费：

① 安全文明施工费，按照实际发生变化的措施项目调整，不得浮动。

② 采用单价计算的措施项目费，根据实际发生变化的措施项目按前述分部分项工程费的调整方法确定单价。

③ 按总价（或系数）计算的措施项目费，除安全文明施工费外，按照实际发生变化的措施项目调整，但应考虑承包人报价浮动因素。

注： 如果承包人未事先将拟实施的方案提交给发包人确认，则视为工程变更不引起措施项目费的调整或承包人放弃调整措施项目费的权利。

2.2.2.4 项目特征不符

承包人应按照发包人提供的设计图纸实施合同工程。若在合同履行期间，出现设计图纸（含设计变更）与招标工程量清单任一项目的特征描述不符，且该变化引起该项目的工程造价增减变化的，发承包双方应当按照实际施工的项目特征，重新确定相应工程量清单项目的综合单价，调整合同价款。

2.2.2.5 工程量清单缺项漏项

（1）清单缺项漏项的责任

招标工程量清单必须作为招标文件的组成部分，其准确性和完整性由招标人负责。因此，招标工程量清单是否准确和完整，其责任应当由提供工程量清单的发包人负责。作为投标人的承包人不应承担由工程量清单的缺项、漏项以及计算错误带来的风险与损失。

（2）合同价款的调整方法

① 分部分项工程费的调整。施工合同履行期间，招标工程量清单中分部分项工程出现缺项漏项，造成新增工程清单项目的，应按照工程变更事件中关于分部分项工程费的调整方法调整合同价款。

② 措施项目费的调整。新增分部分项工程项目清单后，引起措施项目发生变化的，应当按照工程变更事件中关于措施项目费的调整方法，在承包人提交的实施方案被发包人批准后，调整合同价款；由于招标工程量清单中措施项目缺项，承包人应在将新增措施项目实施方案提交发包人批准后，按照工程变更事件中的有关规定调整合同价款。

2.2.2.6 工程量偏差

（1）工程量偏差的概念

工程量偏差是指承包人根据发包人提供的图纸（包括由承包人提供、经发包人批准的图纸）进行施工，按照现行《建设工程工程量清单计价规范》（GB 50500—2013）规定的工程量计算规则，计算得到的完成合同工程项目应予计量的工程量与相应的招标工程量清单项目列出的工程量之间出现的量差。

2-8 工程量偏差

（2）合同价款的调整方法

施工合同履行期间，若应予计量的实际工程量与招标工程量清单列出的工程量出现偏差，或者工程变更等非承包人原因导致工程量偏差，该偏差对工程量清单项目的综合单价将产生影响，是否调整综合单价以及如何调整，发承包双方应当在施工合同中约定。如果合同中没有约定或约定不明，可以按以下原则办理。

① 综合单价的调整原则。当应予计算的实际工程量与招标工程量清单之间出现的偏差（包括工程变更等原因导致的工程量偏差）超过 15% 时，对综合单价的调整原则为：当工程量增加 15% 以上时，其增加部分的工程量的综合单价应予调低；当工程量减少 15% 以上时，减少后剩余部分的工程量的综合单价应予调高。至于具体的调整方法，可参见式（2-5）和式（2-6）。

a. 当 $Q_1 > 1.15Q_0$ 时：

$$S = 1.15Q_0 \times P_0 + (Q_1 - 1.15Q_0) \times P_1 \tag{2-5}$$

b. 当 $Q_1 < 0.85Q_0$ 时：

$$S = Q_1 \times P_1 \tag{2-6}$$

式中　S——调整后的某一分部分项工程费结算价；

　　　Q_1——最终完成的工程量；

　　　Q_0——招标工程量清单中列出的工程量；

　　　P_1——按照最终完成的工程量重新调整后的综合单价；

　　　P_0——承包人在工程量清单中填报的综合单价。

c. 新综合单价 P_1 的确定方法。新综合单价 P_1 的确定：一是发承包双方协商后确定；二是与招标控制价相联系，当工程量偏差项目出现承包人在工程量清单中填报的综合单价与发包人招标控制价相应清单项目的综合单价偏差超过 15% 时，工程量偏差项目综合单价的调整可参考式（2-7）和式（2-8）。

（a）当 $P_0 < P_2 \times (1-L) \times (1-15\%)$ 时，该类项目的综合单价：

$$P_1 = P_2 \times (1-L) \times (1-15\%) \tag{2-7}$$

式中　P_1——新综合单价；

　　　P_2——发包人招标控制价相应清单项目的综合单价；

　　　L——承包人报价浮动率。

（b）当 $P_0 > P_2 \times (1+15\%)$ 时，该类项目的综合单价：

$$P_1 = P_2 \times (1+15\%) \tag{2-8}$$

（c）当 $P_0 > P_2 \times (1-L) \times (1-15\%)$ 且 $P_0 < P_2 \times (1+15\%)$ 时，可不调整。

② 总价措施项目费的调整。当应予计算的实际工程量与招标工程量清单出现的偏差（包括工程变更等原因导致的工程量偏差）超过 15%，且该变化引起措施项目相应发生变化时，如该措施项目是按系数或单一总价方式计价的，对措施项目费的调整原则为：工程量增加的，措施项目费调增；工程量减少的，措施项目费调减。至于具体的调整方法，则应由双方当事人在合同专用条款中约定。

 【例2-1】

某工程项目招标工程量清单数量为 1520m³，施工中由于设计变更调增为 1824m³。该项目招标控制价综合单价为 350 元，投标报价为 406 元，应如何调整？

【**解**】工程量增加百分比 =（1824-1520）/1520=20%，工程量增加超过 15%，需对单价做调整。

$P_2 \times (1+15\%) = 350 \times (1+15\%) = 402.50$（元）< 406（元）。

该项目变更后的综合单价应调整为 402.50 元。

$S = 1520 \times (1+15\%) \times 406 + (1824-1520 \times 1.15) \times 402.50 = 709688 + 76 \times 402.50 = 740278$（元）

2.2.2.7　计日工

① 承包人应按照确认的计日工现场签证报告核实该类项目的工程数量，并根据核实的工程数量和承包人已标价工程量清单中的计日工单价计算合价，提出应付价款。

② 每个支付期末，承包人应与进度款同期向发包人提交本期间所有计日工记录的签证汇总表，以说明本期间自己认为有权得到的计日工金额，调整合同价款，列入进度款支付。

2.2.2.8　暂估价

暂估价是指招标人在工程量清单中提供的用于支付必然发生但暂时不能确定价格的材料、工程设备的单价以及专业工程的金额。

2-9　暂估价

（1）给定暂估价的材料、工程设备

① 不属于依法必须招标的项目。发包人在招标工程量清单中给定暂估价的材料和工程设备不属于依法必须招标的，由承包人按照合同约定采购，经发包人确认后以此为依据取代暂估价，调整合同价款。

② 属于依法必须招标的项目。发包人在招标工程量清单中给定暂估价的材料和工程设备属于依法必须招标的，由发承包双方以招标的方式选择供应商。依法确定中标价格后，以此为依据取代暂估价，调整合同价款。

（2）给定暂估价的专业工程

① 不属于依法必须招标的项目。发包人在工程量清单中给定暂估价的专业工程不属于依法必须招标的，应按照前述工程变更事件的合同价款调整方法，确定专业工程价款。并以此为依据取代专业工程暂估价，调整合同价款。

② 属于依法必须招标的项目。发包人在招标工程量清单中给定暂估价的专业工程属于依法必须招标的，应当由发承包双方依法组织招标，选择专业分包人，并接受建设工程招标投标管理机构的监督。

a. 除合同另有约定外，承包人不参加投标的专业工程，应由承包人作为招标人，但拟定的招标文件、评标方法、评标结果应报送发包人批准。与组织招标工作有关的费用应当被认为已经包括在承包人的签约合同价（投标总报价）中。

b. 承包人参加投标的专业工程，应由发包人作为招标人，与组织招标工作有关的费用由发包人承担。同等条件下，应优先选择承包人中标。

c. 专业工程依法进行招标后，以中标价为依据取代专业工程暂估价，调整合同价款。

知识拓展

请自学并理解《建设工程工程量清单计价规范》（GB 50500—2013）中"9　合同价款调

整"的规定及处理方法。

【例2-2】

施工合同中约定，承包人承担的钢筋价格风险幅度值为±5%，超出部分依据《建设工程工程量清单计价规范》（GB 50500—2013）造价信息法调差。已知承包人投标价格、基准期发布价格分别为 2400 元 /t、2200 元 /t，2015 年 12 月、2016 年 7 月造价信息发布价格分别为 2000 元 /t、2600 元 /t，则该两月钢筋的实际结算价格应分别为多少？

【解】当承包人投标报价中材料单价高于基准单价，工程施工期间材料单价跌幅以基准单价为基础，超过合同约定的风险幅度值时，或材料单价涨幅以投标报价为基础，超过合同约定的风险幅度值时，其超过部分按实调整。

$$2400-[2200×（1-5\%）-2000]=2310（元 /t）$$
$$2400+[2600-2400×（1+5\%）]=2480（元 /t）$$

2.2.2.9　工程变更的处理要求

① 如果出现了必须变更的情况，应当尽快变更。变更既然不可避免，无论是停止施工等待变更指令，还是继续施工，无疑都会增加损失。

② 工程变更后，应当尽快落实变更。工程变更指令发出后，应当迅速落实指令，全面修改相关的各种文件。承包人也应当抓紧落实，如果承包人不能全面落实变更指令，则扩大的损失应当由承包人承担。

③ 对工程变更的影响应当做进一步分析。工程变更的影响往往是多方面的，影响持续的时间也往往较长，对此应当有充分的分析。

2.2.2.10　工程变更程序

在合同履行过程中，监理人发出变更指示包括下列三种情形。

（1）监理人认为可能要发生变更的情形

在合同履行过程中，可能发生变更情形的，监理人可向承包人发出变更意向书。变更意向书应说明变更的具体内容和发包人对变更的时间要求，并附必要的图纸和相关资料。变更意向书应要求承包人提交包括拟实施变更工作的计划、措施和竣工时间等内容的实施方案。发包人同意承包人根据变更意向书要求提交的变更实施方案的，应由监理人发出变更指示。若承包人收到监理人的变更意向书后认为难以实施此项变更，应立即通知监理人，说明原因并附详细依据。监理人与承包人和发包人协商后确定撤销、改变或不改变原变更意向书。

（2）监理人认为发生了变更的情形

在合同履行过程中，发生合同约定的变更情形的，监理人应向承包人发出变更指示。变更指示应说明变更的目的、范围、变更内容以及变更的工程量及其进度和技术要求，并附有关图纸和文件。承包人收到变更指示后，应按变更指示进行变更工作。

（3）承包人认为可能要发生变更的情形

承包人收到监理人按合同约定发出的图纸和文件，经检查认为其中存在变更情形的，可向监理人提出书面变更建议。变更建议应阐明要求变更的依据，并附必要的图纸和说明。监理人收到承包人书面建议后，应与发包人共同研究，确认存在变更的，应在收到承包人书面建议后的 14 天内做出变更指示。经研究后不同意作为变更的，应由监理人书面答复承包人。

不论何种情况下确认的变更，变更指示只能由监理人发出。变更指示应说明变更的目的、范围、变更内容以及变更的工程量及其进度和技术要求，并附有关图纸和文件。承包人收到变更指示后，应按变更指示进行变更工作。

2.2.3 工程索赔

2.2.3.1 工程索赔的定义

工程索赔是当事人在工程承包合同履行过程中，根据法律、合同规定及惯例，对并非由于自己的过错，而是由于应由合同对方承担责任的情况造成的且实际发生的损失，向对方提出给予补偿的要求。

2-10 工程索赔概述

在实际工作中，"索赔"是双向的。《中华人民共和国标准施工招标文件》中通用合同条款中的索赔就是双向的，既包括承包人向发包人的索赔，也包括发包人向承包人的索赔。但在工程实践中，发包人索赔数量较小，而且处理方便，可以通过冲账、扣拨工程款、扣保证金等实现对承包人的索赔。而承包人对发包人的索赔则比较困难。通常情况下，索赔是指承包人（施工单位）在合同实施过程中，对非自身原因造成的工程延期、费用增加而要求发包人补偿损失的一种权利要求。

从索赔的基本定义可以看出，索赔具有以下基本特征：

① 索赔是双向的，不仅承包人可以向业主索赔，业主同样也可以向承包人索赔。由于工程实践中发包人向承包人索赔发生的概率相对较低，而且在索赔处理中，发包人始终处于主动和有利的地位，可以直接从应付工程款抵扣，或没收履约保函、扣留保留金甚至留置承包人的材料设备作为抵押等来实现自己的索赔要求，不存在"索"。因此在工程中，大量发生的、处理比较困难的是承包人向发包人的索赔，这也是索赔管理的主要对象和重点内容。承包人的索赔范围非常广泛，一般认为，只要因非承包人自身责任造成工程工期延长或成本增加，承包人都有可能向发包人提出索赔。

② 只有实际发生了经济损失或权利损害，一方才能向对方索赔。经济损失是指发生了合同以外的支出，如人工费、材料费、机械费、管理费等额外开支；权利损害是指虽然没有经济上的损失，但造成一方权利上的损害，如由于恶劣气候条件对工程进度的不利影响，承包人有权要求延长工期等。因此，发生了实际的经济损失或权利损害，应是一方提出索赔的一个基本前提条件。

③ 索赔是一种未经对方确认的单方行为。它与通常所说的工程签证不同。在施工过程中签证是发承包双方就额外费用补偿或工期延长等达成一致的书面证明材料和补充协议，它可以直接作为工程款结算或最终增减工程造价的依据。而索赔则是单方面行为，对对方尚未形成约束力，这种索赔要求最终能否实现，必须要通过协商、谈判、调解、仲裁或诉讼等方式才能决定。

2.2.3.2 工程索赔的主要依据

在工程项目实施过程中，会产生大量的工程信息和资料，这些信息和资料是开展索赔的重要依据。如果项目资料不完整，索赔就难以顺利进行。因此在施工过程中应始终做好资料积累工作，建立完善的资料记录制度和科学的管理制度，认真系统地积累和管理合同文件，以及质量、进度及财务收支等方面的资料。对于可能会发生索赔的工程项目，从开始施工时就要有目的地收集证据资料，系统地拍摄现场，妥善保管开支收据，有意识地为索赔积累必要的证据材料。常见的索赔资料主要有：

① 各种工程合同文件。其包括工程合同及附件、中标通知书、投标书、标准和技术规范、图纸、工程量清单、工程报价单或预算书、有关技术资料和要求等。如发包人提供的水文地质、地下管网资料，施工所需的证件、批件，临时用地证明手续，坐标控制点资料等。

② 经工程师批准的各种文件。其包括经工程师批准的施工进度计划、施工方案、施工项目管理规划和现场的实施情况记录，以及各种施工报表等。

③ 各种施工记录。其包括施工日报及工长工作日志、备忘录。施工中产生的影响工期或工程资金的所有重大事情均应写入备忘录存档，备忘录应按年、月、日顺序编号，以便查阅。

④ 工程形象进度照片。其包括工程有关施工部位的照片及录像等。保存完整的工程照片和录像能有效地显示工程进度。除标书上规定需要定期拍摄的工程照片和录像外，承包人自己要注意经常拍摄工程照片和录像，注明日期，作为自己查阅的资料。

⑤ 工程项目有关各方往来文书。其包括工程各项信件、电话记录、指令、信函、通知、答复等。

⑥ 工程各项会议纪要等。其包括工程各项会议纪要、协议及其各种签约文件、定期与业主的谈话资料等。

⑦ 业主（工程师）发布的各种书面指令书和确认书。其包括业主或工程师发布的各种书面指令书和确认书，以及承包人要求、请求、通知书。

⑧ 工程现场气候记录。如有关天气的温度、风力、雨雪资料等。

⑨ 投标前业主提供的参考资料和现场资料。

⑩ 施工现场记录。其包括工程各项有关的设计交底记录、变更图纸、变更施工指令等，以及这些资料的送到份数和日期记录，工程材料和机械设备的采购、订货、运输、进场、验收、使用等方面的凭据及材料供应清单、合格证书，工程送电/送水、道路开通/封闭的日期及数量记录，工程停电、停水和干扰事件影响的日期及恢复施工的日期记录。

⑪ 业主或工程师签认的签证。其包括工程实施过程中各项经业主或工程师签认的签证。如承包人要求预付通知、工程量核实确认单等。

⑫ 工程财务资料。其包括工程结算资料和有关财务报告。如工程预付款、进度款拨付的数额及日期记录、工程结算书、保修单等。

⑬ 各种检查验收报告和技术鉴定报告。其包括质量验收单、验收记录、验评表、竣工验收资料、竣工图。

⑭ 各类财务凭证。其是指需要收集和保存的工程基本会计资料，包括工资单、工资报表、工程款账单、各类收付款原始凭证、总分类账、管理费用报表、工程成本报表等。

⑮ 其他。其包括分包合同、官方的物价指数、汇率变化表以及国家、省、市发布的影响工程造价、工期的文件、规定等。

2.2.3.3　工程索赔产生的原因

（1）当事人违约

当事人违约常常表现为没有按照合同约定履行自己的义务。发包人违约

2-11　工程索赔的原因与分类

常常表现为没有为承包人提供合同约定的施工条件，未按照合同约定的期限和数额付款等。监理人未能按照合同约定完成工作，如未能及时发出图纸、指令等也视为发包人违约。承包人违约的情况则主要是没有按照合同约定的质量、期限完成施工，或者由于不当行为给发包人造成其他损害。

（2）不可抗力或不利的物质条件

不可抗力又可以分为自然事件和社会事件。自然事件主要是指工程施工过程中不可避免发生且不能克服的自然灾害，包括地震、海啸、瘟疫、水灾等；社会事件则包括国家政策、法律、法令的变更，战争、罢工等。不利的物质条件通常是指承包人在施工现场遇到的不可预见的自然物质条件、非自然的物质障碍和污染物，包括地下和水文条件。

（3）合同缺陷

合同缺陷表现为合同文件规定不严谨甚至矛盾、合同中存在遗漏或错误。在这种情况下，工程师应当给予解释，如果这种解释将导致成本增加或工期延长，发包人应当给予补偿。

（4）合同变更

合同变更表现为设计变更、施工方法变更、追加或者取消某些工作、合同规定的其他变更等。

（5）监理人指令

监理人指令有时也会产生索赔，如监理人指令承包人加速施工、进行某项工作、更换某些材料、采取某些措施等，并且这些指令不是因承包人造成的。

（6）其他第三方原因

其他第三方原因常常表现为与工程有关的第三方的问题引起的对本工程的不利影响。

2.2.3.4 工程索赔的分类

工程索赔依据不同的标准可以进行不同的分类。

（1）按索赔的合同依据分类

按索赔的合同依据可以将工程索赔分为合同中明示的索赔、合同中默示的索赔以及道义索赔。

① 合同中明示的索赔。合同中明示的索赔是指承包人所提出的索赔要求，在该工程项目的合同文件中有文字依据，承包人可以据此提出索赔要求，并取得经济补偿。这些在合同文件中有文字规定的合同条款，称为明示条款。

② 合同中默示的索赔。合同中默示的索赔，即承包人的该项索赔要求，虽然在工程项目的合同条款中没有专门的文字叙述，但可以根据该合同的某些条款的含义，推论出承包人有索赔权。这种索赔要求，同样有法律效力，有权得到相应的经济补偿。这种有经济补偿含义的条款，在合同管理工作中被称为"默示条款"或称为"隐含条款"。默示条款是一个广泛的合同概念，它包含合同明示条款中没有写入但符合双方签订合同时设想的愿望和当时环境条件的一切条款。这些默示条款，或者从明示条款所表述的设想愿望中引申出来，或者从合同双方在法律上的合同关系引申出来，经合同双方协商一致，或被法律和法规所指明，都成为合同文件的有效条款，要求合同双方遵照执行。

③ 道义索赔。道义索赔是指承包人在合同内或合同外都找不到可以索赔的依据，因而没有提出索赔的条件和理由，但承包人认为自己有要求补偿的道义基础，而对其遭受的损失

提出具有优惠性质的补偿要求。道义索赔的主动权在发包人手中，发包人一般在下面四种情况下，可能会同意并接受这种索赔：第一，若另找其他承包人，费用会更大；第二，为了树立自己的正面形象；第三，出于对承包人的同情和信任；第四，谋求与承包人更长久的合作。

（2）按索赔目的分类

按索赔目的可以将工程索赔分为工期索赔和费用索赔。

① 工期索赔。非承包人责任的原因导致施工进程延误，承包人要求批准顺延合同工期的索赔称为工期索赔。工期索赔在形式上是对权利的要求，以避免在原定合同竣工日不能完工时，被发包人追究拖期违约责任。合同工期顺延一旦获得批准，承包人不仅免除了承担拖期违约赔偿费的严重风险，而且可能因提前工期得到奖励，最终仍反映在经济收益上。

② 费用索赔。费用索赔的目的是要求经济补偿。当施工的客观条件改变，导致承包人增加开支，可要求对超出计划成本的附加开支给予补偿，以挽回不应由他承担的经济损失。

（3）按索赔事件的性质分类

按索赔事件的性质可以将工程索赔分为工程延误索赔、工程变更索赔、合同被迫终止索赔、工程加速索赔、意外风险和不可预见因素索赔及其他索赔。

① 工程延误索赔。因发包人未按合同要求提供施工条件，如未及时交付设计图纸、施工现场和道路等，或因发包人指令工程暂停、不可抗力事件等造成工期拖延，承包人对此提出索赔。这是工程中常见的一类索赔。

② 工程变更索赔。发包人或监理人指令增加或减少工程量或增加附加工程、修改设计、变更工程顺序等，造成工期延长、费用增加，承包人对此提出索赔。

③ 合同被迫终止索赔。发包人或承包人违约以及不可抗力事件等原因造成合同非正常终止，无责任的受害方因其蒙受经济损失而向对方提出索赔。

④ 工程加速索赔。指发包人或监理人指令承包人加快施工速度，缩短工期，引起承包人的人、财、物的额外开支而提出的索赔。

⑤ 意外风险和不可预见因素索赔：在工程实施过程中，因人力不可抗拒的自然灾害、特殊风险以及一个有经验的承包人通常不能合理预见的不利施工条件或外界障碍（如地下水、地质断层、溶洞、地下障碍物等）引起的索赔。

⑥ 其他索赔。如货币贬值、汇率变化、物价上涨、政策法令变化等原因引起的索赔。

2.2.3.5 工程索赔的处理程序

（1）发出索赔意向通知

索赔事件发生后，承包人应在索赔事件发生后的 28 天内向工程师递交索赔意向通知，声明将对此事件提出索赔。该意向通知是承包人就具体的索赔事件向工程师和发包人表示的索赔愿望和要求。超过这个期限，工程师和发包人有权拒绝承包人的索赔要求。索赔事件发生后，承包人有义务做好现场施工的同期记录，工程师有权随时检查和调阅，以判断索赔事件所造成的实际损害。

一般可考虑下述内容：

① 索赔事件发生的时间、地点、工程部位；

② 索赔事件的有关人员；

③ 索赔事件的原因、性质；

2-12　工程索赔
的处理程序

④ 承包人在索赔事件发生后的态度、采取的行动；

⑤ 索赔事件对承包人的不利影响；

⑥ 提出索赔意向，并注明合同条款依据。

（2）递交索赔报告

索赔意向通知提交后的 28 天内，承包人应递送正式的索赔报告。索赔报告是索赔文件的正文，是索赔过程中的重要文件，对索赔的解决有重大的影响，承包人应慎重对待，务求翔实、准确。如果索赔事件的影响持续存在，28 天内还不能算出索赔金额和工期顺延天数，承包人应按工程师合理要求的时间间隔（一般为 28 天），定期陆续报出每个时间段内的索赔证据资料和索赔要求。在该索赔事件的影响结束后的 28 天内，报出最终详细报告，提交索赔论证资料并提出累计索赔金额。

索赔报告的具体内容，随该索赔事件的性质和特点而有所不同。一般来说，完整的索赔报告应包括以下四个部分。

① 总论部分。一般包括以下内容：序言、索赔事项概述、具体索赔要求、索赔报告编写及审核人员名单。

文中首先应概要地论述：索赔事件的发生日期与过程；施工单位为该索赔事件所付出的努力和附加开支；施工单位的具体索赔要求。在总论部分的最后，附上索赔报告编写组主要人员及审核人员的名单，注明有关人员的职称、职务及施工经验，以表示该索赔报告的严肃性和权威性。总论部分的阐述要简明扼要，说明问题。

② 合同引证部分。本部分是索赔报告关键部分，其目的是承包人论述自己具有索赔权，这是索赔成立的基础。合同引证的主要内容是该工程项目的合同条件以及有关的法律规定，说明自己理应获得工期延长和费用补偿。

③ 索赔论证部分。承包人在施工索赔报告中进行索赔论证的目的是获得工期延长和费用补偿。对于工期索赔部分，首先，要求获得施工工期的延长，以免承担误期损害赔偿费的经济损失。其次，在此基础上，探索获得费用补偿的可能性。承包人在工期索赔报告中，应该对工期延长、实际工期和理论工期等工期的长短进行详细的论述，说明自己要求工期延长的根据，并对其进行明确的划分。对于费用索赔部分，承包人要首先论证遇到了合同规定以外的额外任务或不利的合同实施条件，为了完成合同，承包人承担了额外的经济损失，并且这些经济损失应该由业主承担。最后，在论证费用索赔成立的前提下，承包人应根据合同执行的实际情况，选择适当的费用计算方式，计算承包人额外开支的人工费、材料费、机械费、管理费和损失利润，提出承包人对可索赔事件的费用索赔的数额。

④ 证据部分。证据部分包括该索赔事件所涉及的一切证据资料，以及对这些证据的说明。证据是索赔报告的重要组成部分，没有翔实、可靠的证据，索赔是不能成功的。在引用证据时，要注意该证据的效力或可信程度。为此，对重要的证据资料最好附以文字证明或确认件。

（3）工程师审核索赔报告

接到承包人的索赔意向通知后，工程师应建立自己的索赔档案，密切关注事件的影响。在接到正式索赔报告后，工程师应认真研究承包人报送的索赔资料。首先，工程师应客观分析事件发生的原因，研究承包人的索赔证据，检查他的同期记录。其次，对比合同的有关条款，划清责任界限，必要时还可以要求承包人进一步提供补充资料。最后，再审查承包人提出的索赔补偿要求，剔除其中的不合理部分，拟定自己计算的合理索赔金额和工期顺延天数。

一般对索赔报告的审查内容如下：

① 索赔事件发生的时间、持续时间、结束时间。

② 损害事件原因分析，包括直接原因和间接原因，即分析索赔事件是何种原因引起的，进行责任分解，划分责任范围，按责任大小承担损失。

③ 分析索赔理由。主要依据合同文件判明是否在合同规定的赔偿范围之内。只有符合合同规定的索赔要求才有合法性，才能成立。例如，某合同规定，在工程总价 5% 范围内的工程变更属于承包人承担的风险，若发包人指令增加的工程量在这个范围内，承包人不能提出索赔。

④ 实际损失分析，即分析索赔事件的影响，主要表现为工期的延长和费用的增加。对于工期的延长，主要审查延误的工作是否位于网络计划的关键线路上，延误的时间是否超过该工作的总时差。对费用的增加，主要审查分担比例是否合理，计算费用的原始数据来源是否正确，计算过程是否合理、准确。

（4）施工索赔的解决

施工索赔的解决是多途径的。工程师核查后初步确定应予以补偿的额度，有时与承包人没有分歧，但多数时候与承包人索赔报告中要求的额度不一致，甚至差额较大。主要原因大多为对事件损害责任的界限划分不一致，索赔证据不充分，索赔计算的依据和方法分歧较大等，因此双方应就索赔的处理进行协商。

在经过认真分析研究，与承包人、发包人广泛讨论后，工程师应该向发包人和承包人提出自己的索赔处理决定。

当工程师确定的索赔款额超过其权限范围时，必须报请发包人批准。工程师在工期延误审批表和费用索赔审批表中应该简明地叙述索赔事项、理由、建议给予补偿的金额及延长的工期，论述承包人索赔合理方面及不合理方面。

工程师收到承包人递交的索赔报告和有关资料后，如果在 28 天内既未予答复，也未对承包人做进一步要求，则视为承包人提出的该项索赔要求已经被认可。

索赔事件的解决通过协商未能达成共识时，发承包双方可以请有关部门调解，双方按调解方案履行。如果调解也不能解决，双方可按施工合同的专用条款的规定通过仲裁或诉讼来解决。

2.2.3.6 工程索赔的计算

（1）可索赔的费用

费用内容一般可以包括以下几个方面：

2-13 费用索赔的计算

① 人工费。其包括增加工作内容的人工费、停工损失费和工作效率降低的损失费等累计费用。其中，增加工作内容的人工费应按照计日工费计算，而停工损失费和工作效率降低的损失费按窝工费计算。对于窝工费的标准，双方应在合同中约定。

② 设备费。可采用机械台班费、机械折旧费、设备租赁费等几种形式。当工作内容增加引起设备费索赔时，设备费的标准按照机械台班费计算。对窝工引起的设备费索赔，当施工机械属于施工企业自有时，按照机械折旧费计算索赔费用；当施工机械是施工企业从外部租赁的时，索赔费用的标准按照设备租赁费计算。

③ 材料费。索赔费用中的材料费部分包括：由于索赔事项的材料实际用量超过计划用量而增加的材料费；由于客观原因，材料价格大幅度上涨；非施工单位责任的工程延误导致的材料价格上涨和材料超期储存费用。

④ 保函手续费。工程延期时，保函手续费相应增加；反之，若取消部分工程且发包人与承包人达成提前竣工协议，承包人的保函金额相应折减，则计入合同价内的保函手续费也应扣减。

⑤ 迟延付款利息。发包人未按约定时间进行付款的，应按银行同期贷款利率支付迟延付款的利息。

⑥ 保险费。

⑦ 管理费。此项又可分为现场管理费和公司管理费两部分，由于二者的计算方法不一样，所以在审核过程中应区别对待。

⑧ 利润。在不同的索赔事件中可以索赔的费用是不同的。根据《中华人民共和国标准施工招标文件》中通用合同条款的内容，可以合理补偿承包人的条款如表 2-3 所示。

表 2-3 《中华人民共和国标准施工招标文件》中通用合同条款规定的可以合理补偿承包人的条款

序号	条款号	主要内容	可补偿内容		
			工期	费用	利润
1	1.10.1	施工过程中发现文物、古迹以及其他遗迹、化石、钱币或物品	√	√	
2	4.11.2	承包人遇到不利物质条件	√	√	
3	5.2.4	发包人要求向承包人提前交付材料和工程设备		√	
4	5.2.6	发包人提供的材料和工程设备不符合合同要求	√	√	√
5	8.3	发包人提供的基准资料错误导致承包人返工或造成工程损失	√	√	√
6	11.3	发包人的原因造成工期延误	√	√	√
7	11.4	异常恶劣的气候条件	√		
8	11.6	发包人要求承包人提前竣工	√	√	
9	12.2	发包人原因引起的暂停施工	√	√	√
10	12.4.2	发包人原因造成暂停施工后无法按时复工	√	√	√
11	13.1.3	发包人原因造成工程质量达不到合同约定的验收标准	√	√	√
12	13.5.3	监理人对隐蔽工程重新检查，经检验证明工程质量符合合同要求	√	√	√
13	16.2	法律变化引起的价格调整		√	
14	18.4.2	发包人在全部工程竣工前，使用已接收的单位工程导致承包人费用增加	√	√	√
15	18.6.2	发包人的原因导致试运行失败		√	√
16	19.2	发包人原因导致的工程缺陷和损失		√	√
17	21.3.1	不可抗力	√		

（2）费用索赔的计算

计算方法有总费用法、修正总费用法、实际费用法等。

① 总费用法。计算出索赔工程的总费用，减去原合同报价，即得索赔金额。这种计算方法简单但不尽合理，因为实际完成工程的总费用中，可能包括由于承包人的原因（如管理

不善、材料浪费、效率太低等）所增加的费用，而这些费用是不该索赔的；另一方面，原合同价也可能因工程变更或单价合同中的工程量变化等而不能代表真正的工程成本。凡此种种原因，使得采用此法往往会引起争议，故一般不常用。

但是在某些特定条件下，当具体计算索赔金额很困难，甚至不可能时，也有采用此法的。这种情况下，应具体核实已开支的实际费用，取消其不合理部分，以求接近实际情况。

② 修正总费用法。原则上它与总费用法相同，计算对某些方面做出的相应的修正，以使结果更趋合理。修正的内容主要有：一是计算索赔金额的时期仅限于受事件影响的时段，而不是整个工期；二是只计算在该时期内受影响项目的费用，而不是全部工作项目的费用；三是不直接采用原合同报价，而是采用在该时期内如未受事件影响而完成该项目的合理费用。根据上述修正，可比较合理地计算出受索赔事件影响而实际增加的费用。

③ 实际费用法。实际费用法即根据索赔事件所造成的损失或成本增加，按费用项目逐项进行分析、计算索赔金额的方法。这种方法比较复杂，但能客观地反映施工单位的实际损失，比较合理，易于被当事人接受，在国际工程中被广泛采用。

实际费用法是按每个索赔事件所引起损失的费用项目分别分析、计算索赔值的一种方法，通常分三步：

第一步，分析每个或每类索赔事件所影响的费用项目，不得有遗漏。这些费用项目通常应与合同报价中的费用项目一致。

第二步，计算每个费用项目受索赔事件影响的数值，通过与合同价中的费用价值进行比较即可得到该项费用的索赔值。

第三步，将各费用项目的索赔值汇总，得到总费用索赔值。

【例2-3】

某施工合同约定，施工现场主导施工机械一台，由施工企业租得，台班单价为 300 元 / 台班，租赁费为 100 元 / 台班，人工工资为 40 元 / 工日，窝工补贴为 10 元 / 工日，以人工费为基数的综合费率为 35%。在施工过程中，发生了如下事件：①出现异常恶劣天气，导致工程停工 2 天、人员窝工 30 个工日；②恶劣天气导致场外道路中断，抢修道路用工 20 个工日；③场外大面积停电，停工 2 天，人员窝工 10 工日。为此，施工企业可向业主索赔的费用为多少？

【解】各事件处理结果如下。

① 异常恶劣天气导致的停工通常不能进行费用索赔。

② 抢修道路用工的索赔额 =20×40×（1+35%）=1080（元）。

③ 停电导致的索赔额 =2×100+10×10=300（元）。

总索赔费用 =1080+300=1380（元）。

【例2-4】

某工程施工中由于工程师指令错误，承包商的工人窝工 30 个工日，增加配合用工 5 个工日，机械一个台班。合同约定人工单价为 50 元/工日，机械台班费为 360 元/台班，人员窝工补贴费为 30 元/工日，含税的综合费率为 17%，则承包商可得的该项索赔为多少？

【解】 注意窝工和增加配合用工使用不同的单价标准；另外，窝工时只考虑工费，而增加配合用工和机械时还应考虑管理费、利润和税金等。

窝工费 = 工人窝工工日 × 每日窝工补贴；

增加用工 = （增加用工费 + 机械台班费）×（1+ 综合费率）；

窝工导致的索赔 =30×30=900（元）；

增加用工导致的索赔 =（50×5+360）×（1+17%）=713.7（元）；

该项索赔的总额 =900+713.7=1613.7（元）。

（3）工期索赔的计算

工期索赔的计算主要有网络图分析法和比例计算法两种。

① 网络图分析法。它是利用进度计划的网络图，分析其关键线路。如果延误的工作为关键工作，则总延误的时间为批准顺延的工期。如果延误的工作为非关键工作，当该工作由于延误超过时差限制而成为关键工作时，可以批准延误时间与时差的差值；若该工作延误后仍为非关键工作，则不存在工期索赔问题。

2-14 工期索赔的计算

 【例2-5】

某工程项目业主通过工程量清单招标确定某承包商为中标人，并签订了工程合同，工期为 16 天。该承包商编制的初始网络进度计划（每天按一个工作班安排作业）如图 2-2 所示。图 2-2 中箭线上方字母为工作名称，箭线下方括号外数字为持续时间，括号内数字为总用工日数（人工工资标准均为 45.00 元/工日，窝工补偿标准均为 30.00 元/工日）。由于施工工艺和组织的要求，工作 A、D、H 需使用同一台施工机械（该种施工机械运转台班费为 800 元/台班，闲置台班费为 550 元/台班），工作 B、E、I 需使用同一台施工机械（该种机械运转台班费为 600 元/台班，闲置台班费为 400 元/台班），工作 C、E 需由同一班组工人完成作业，为此该计划需做出相应的调整。

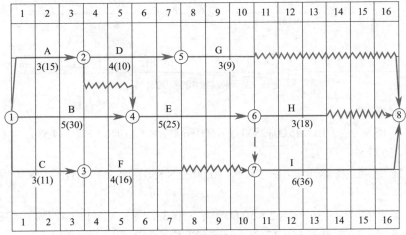

图 2-2 初始网络进度计划

【问题】①请对图 2-2 的进度计划做出相应的调整，绘制出调整后的施工网络进度计划，并指出关键线路。

②试分析工作 A、D、H 的最早开始时间、最早完成时间。如果该三项工作均以最早开始时间开始作业，该种施工机械需在现场多长时间？闲置多长时间？若尽量使该种施工机械在现场的闲置时间最短，该三项工作的开始作业时间如何安排？

③在施工过程中，设计变更致使工作 E 增加工程量，作业时间延长 2 天，增加用工 10 个工日、材料费用 2500 元，增加相应的措施费用 600 元；工作 E 作业时间的延长，致使工作 H、I 的开始作业时间均相应推迟 2 天；施工机械故障，致使工作 G 作业时间延长 1 天，增加用工 3 个工日、材料费用 800 元。如果该工程管理费按人工、材料、机械费之和的 7% 计取，利润按人工、材料、机械费与管理费之和的 4.5% 计取，规费费率 3.31%，税金率 3.477%，试问：承包商应得到的工期和费用索赔是多少？

【解】①调整后的网络进度计划如图 2-3 所示，关键线路为：①→④→⑥→⑧→⑨。

②工作 A、D、H 最早开始时间分别为 0、3、10；最早完成时间分别为 3、7、13。

该机械需在现场时间为 13−0=13（天）；工作时间为 3+4+3=10（天）；闲置时间为 13−10=3（天）。

工作 A 的开始作业时间为 2（即第 3 天开始作业），工作 D 的开始作业时间为 5 或 6，工作 H 开始作业时间为 10。该机械在现场时间为 11 天，工作时间仍为 10 天，闲置时间为 11−10=1（天）。

③工期索赔 2 天。只有工作 I 推迟 2 天导致工期延长，且该项拖延是甲方的责任；工作 H 推迟 2 天不会导致工期延长；工作 G 作业时间延长 1 天，责任不在甲方。

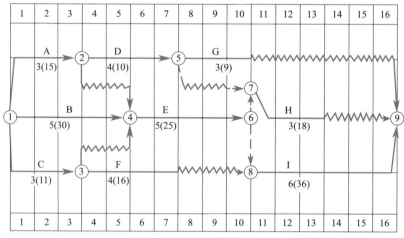

图 2-3　调整后的网络进度计划

费用索赔计算：

a. 工作 E 费用索赔 =（10×45.00+2500+2×600+600）×（1+7%）×（1+4.5%）×（1+3.31%）×（1+3.477%）≈5677.80（元）；

b. 工作 H 费用索赔 =（18÷3×2×30.00+2×550）×（1+3.31%）×（1+3.477%）≈1560.77（元）；

c. 工作 I 费用索赔 =（36÷6×2×30.00）×（1+3.31%）×（1+3.477%）≈384.85（元）；

费用索赔合计：5677.80+1560.77+384.85=7623.42（元）。

② 比例计算法。该方法主要应用于工程量有增加时工期索赔的计算，公式为：

$$工期索赔值 = \frac{额外增加的工程量的价格}{原合同总价} \times 原合同总工期 \qquad （2-9）$$

 【例2-6】

某工程原合同规定分两阶段进行施工，土建工程 21 个月，安装工程 12 个月。假定以一定的劳动力需要量为相对单位，则合同规定的土建工程量可折算为 310 个相对单位，安装工程量折算为 70 个相对单位。合同规定，工程量增减 10% 的范围作为承包商的工期风险，不能要求工期补偿。在工程施工过程中，土建和安装的工程量都有较大幅度的增加。实际土建工程量增加到 430 个相对单位，实际安装工程量增加到 117 个相对单位。求承包商可以提出的工期索赔额（索赔款额）。

【解】① 承包商提出的工期索赔：

不索赔的土建工程量的上限为：310×1.1=341（相对单位）；

不索赔的安装工程量的上限为：70×1.1=77（相对单位）。

② 工程量增加而造成的工期延长时间：

土建工程工期延长时间 =21×[（430/341）−1]≈5.5（月）；

安装工程工期延长时间 =12×[（117/77）−1]≈6.2（月）；

总工期索赔：5.5+6.2=11.7（月）

2.2.3.7　工程索赔综合案例

 【案例2-2】

某工程项目采用固定单价合同。工程招标文件中提供的用砂地点距工地 4km。但是开工后，检查该砂质量不符合要求，承包商只得从另一距工地 20km 的供砂地点采购。而在一个关键工作面上又发生了几种原因造成的临时停工：5 月 20 日至 5 月 26 日承包商的施工设备出现了从未出现过的故障；应于 5 月 24 日交给承包商的后续图纸直到 6 月 10 日才交给承包商；6 月 7 日到 6 月 12 日施工现场下了罕见的特大暴雨，造成 6 月 11 日到 6 月 14 日该地区的供电全面中断。

【问题】① 由于供砂距离增大，必然引起费用的增加，承包商经过仔细计算后，在业主指令下达后的第 3 天，向业主提出了将原有用砂单价每吨提高 5 元的索赔要求，该索赔是否可以被批准？

② 若业主已同意赔偿承包方 2 万元/天，则承包商可延长工期多少天？费用索赔为多少？

【分析】本案例设计了费用索赔和工期索赔计算的主要内容。工程索赔主要分为费用索赔和工期索赔，而且在一般情况下，工期索赔同时会伴随着费用索赔，在分析工期索赔时首先要清楚是谁的责任导致工期的延误：如果是非承包商的原因导致的，则工期顺延；如果是承包商的原因导致的，则工期不予延长。

【解】① 因供砂距离增大提出的索赔不能被批准，原因如下：

a.承包商应对自己就招标文件的解释负责;

b.承包商应对自己报价的正确性与完备性负责;

c.作为一个有经验的承包商可以通过现场踏勘确认招标文件参考资料中提供的用砂质量是否合格,若承包商没有通过现场踏勘发现用砂质量问题,其相关风险由承包商承担。

② 5月20日至5月26日出现的设备故障,属于承包商应承担的风险,不应考虑承包商的延长工期和费用索赔要求。

5月27日至6月9日停工是业主迟交图纸引起的,此为业主应承担的风险,延长工期14天,费用索赔为14×2=28(万元)。

6月10日至6月12日的特大暴雨属于双方共同的风险,延长工期3天,但不考虑费用索赔。

6月13日至6月14日的停电为业主应承担的风险,延长工期2天,索赔费用为2×2=4(万元)。

合计:工期索赔=14+3+2=19(天),费用索赔=28+4=32(万元)。

2.2.4 现场签证

2.2.4.1 现场签证的概念

现场签证是指发承包双方现场代表(或其委托人)就施工过程中涉及的责任事件所做的签认证明。

2-15 现场签证

建筑工程中,在前期签订合同的时候,是假想在没有任何其他意外的情况下顺利完成工程的。但是由于各种原因,例如,基础工程遇到流沙现象或者墓穴等,导致地基不能满足设计承载力的要求,所以就需要改变施工方案,相应地就需要做一个现场签证,并经过监理和建设单位的签字盖章,这就成为承包合同的一部分。还有其他不可抗拒的因素,也要签证。例如,计划工期是一个月,但是由于从开工开始出现十天的雨天,无法正常施工,这时就需要进行签证,申请工期顺延。

承包人应发包人要求完成合同以外的零星项目、非承包人责任事件等工作的,发包人应及时以书面形式向承包人发出指令,承包人应及时向发包人提出现场签证要求。

2.2.4.2 现场签证的价款计算

① 现场签证的工作如果已有相应的计日工单价,现场签证报告中仅列明完成该签证工作所需的人工、材料、工程设备和施工机械台班的数量。

② 如果现场签证的工作没有相应的计日工单价,应当在现场签证报告中列明完成该签证工作所需的人工、材料、工程设备和施工机械台班的数量及其单价。承包人应按照现场签证内容计算价款,报送发包人确认后,作为增加合同价款,与进度款同期支付。

2.2.4.3 现场签证的限制

未经发包人签证确认,承包人便擅自实施相关工作的,除非征得发包人书面同意,否则发生的费用由承包人承担。

知识拓展

请自主学习并理解现场签证与工程变更的区别。

2.3 最终支付

2.3.1 竣工结算基础知识

2.3.1.1 竣工结算的含义

工程竣工结算是指施工企业按照合同规定的内容完成所承包的全部工程，经验收质量合格，并符合合同要求之后，向发包单位进行的最终工程价款结算。工程竣工结算分为单位工程竣工结算、单项工程竣工结算和建设项目竣工总结算。

2-16 竣工结算

竣工结算是工程竣工验收后，根据施工过程中实际发生的工程变更等情况，对原工程合同价或原施工图预算（按实结算工程）进行调整、修正，最终确定的工程造价的技术经济文件。它由承包人编制、发包人审查、双方最终确定，是承包人与发包人办理工程价款结算的依据，也是业主编制工程总投资额（竣工决算）的基础资料。因此，从这个意义上讲，竣工结算造价，应是工程产品业主与承包人两个交易主体最终成交的价格，即工程产品建造的价格，也即工程造价的第二种含义。因此，结算造价是构成决算的基础，从这点出发就能更好地去理解工程价格与投资费用两个概念。

2.3.1.2 竣工结算的编制

竣工结算的编制依据、编制方法与工程合同约定的结算方式以及招投标工程造价计价的方式都有关。不同性质的合同，以不同方式计价的标底与报价，结算办理方式是不同的。但其主要都涉及两个方面，即原合同总价或者合同单价，工程变更及索赔事件等引起的调整费用或单价，但都以合同为依据，由承包企业编制、业主审查并确认，具体依据及方法如下。

（1）竣工结算编制的主要依据

① 经业主认可的全套工程竣工图及有关竣工资料等；

② 工程合同、招标文件、投标文件及有关补充协议等；

③ 计价定额、计价规范、材料及设备价格、取费标准及有关计价规定等；

④ 施工图预算书；

⑤ 设计变更通知单、会签的施工技术核定单、工程有关签证单、隐蔽工程验收记录、材料代用核定单、有关材料设备价格变更文件等工程质保、质检资料；

⑥ 经双方协商同意并办理了签证的应列入工程结算的其他事项。

（2）竣工结算的编制方法

① 对于按工程量清单计价中标的单价合同的工程项目，办理结算时，对新增的清单项目的工程量及综合单价按业主签证同意的量及价进行清单费用的调整。当原合同约定清单项目工程量有增减时，应按实调整。以上两部分调整如果总额在总价包干合同的浮差以内，这种合同一般不做总价调整。关于工程量清单计价的中标工程，由于是单价合同，办理结算时，关键是综合单价确认的有效性，很多风险是在承包人这一方。因此，办理结算时资料一定要完备有效，要以合同为依据，以计价规范为准则及时调整并办理竣工结算。

② 对于一般按现行定额单价计价中标的工程，办理结算时，主要是比较原施工图预算的构成内容与实际施工的变化，通常根据各种设计变更资料、现场签证、工程量核定单等相关资料，在原施工图预算的基础上，计算增减，并经业主认可后办理竣工结算。

（3）竣工结算的编制要求

我国《建设工程施工合同（示范文本）》的通用条款中对竣工结算的办理有如下规定：

① 工程竣工验收报告经发包方认可后 28 天内，承包方向发包方递交竣工结算报告及完整的结算资料，双方按协议书约定的合同价款及专用条款约定的合同价款调整内容，进行竣工结算。

② 发包方收到承包方递交的竣工结算报告及结算资料后 28 天内进行核实，给予确认或者提出修改意见。发包方确认竣工结算报告后通知经办银行向承包方支付工程竣工结算价款。承包方收到竣工结算后 14 天内将竣工工程交付发包方。

③ 发包方收到竣工结算报告及结算资料后 28 天内无正当理由不支付工程竣工结算价款的，从第 29 天起按承包方同期向银行贷款利率支付拖欠工程价款的利息，并承担违约责任。

④ 发包方收到竣工结算报告及结算资料后 28 天内不支付工程竣工结算价款的，承包方可以催告发包方支付结算价款。发包人在收到竣工结算报告及结算资料后，56 天内仍不支付的，承包方可以与发包方协议将工程折价，也可以由承包方申请人民法院将该工程依法拍卖，承包方就工程折价或拍卖的价款优先受偿。

⑤ 工程竣工验收报告经发包方认可后 28 天内，承包方未能向发包方递交竣工结算及完整结算资料，造成工程竣工结算不能正常进行或工程竣工结算价款不能及时支付，发包方要求交付工程的，承包方应当交付，发包方不要求交付工程的，承包方承担保管责任。

⑥ 发包方和承包方对工程竣工结算价款发生争议时，按对争议的约定处理。

在实际工作中，当年开工、当年竣工的工程，只需办理一次性结算。跨年度的工程，在各年度办理一次年终结算，将未完工程结转到下一年度，此时竣工结算等于各年度结算的总和。

工程竣工价款结算的金额可用式（2-10）表示：

$$
\begin{aligned}
\text{竣工结算工程价款} = &\text{合同价款} + \text{施工过程中合同价款调整数额} - \\
&\text{预付及已结算工程价款} - \text{保修金}
\end{aligned}
\tag{2-10}
$$

2.3.1.3 竣工结算的作用

① 竣工结算是施工单位与建设单位结清工程费用的依据。施工单位有了竣工结算就可向建设单位结清工程价款，以完结建设单位与施工单位之间的合同关系和经济责任。

② 竣工结算是施工单位考核工程成本、进行经济核算的依据。施工单位统计年竣工建筑面积，计算年完成产值，进行经济核算，考核工程成本时，都必须以竣工结算所提供的数据为依据。

③ 竣工结算是施工单位总结和衡量企业管理水平的依据。通过竣工结算与施工图预算的对比，能发现竣工结算比施工图预算超支或节约的情况，可进一步检查和分析造成这些情况的原因。因此，建设单位、设计单位和施工单位，可以通过竣工结算总结工作经验和教训，找出设计不合理和施工浪费的原因，逐步提高设计质量和施工管理水平。

④ 竣工结算为建设单位编制竣工决算提供依据。

2.3.1.4 工程价款的动态结算

对于合同周期较长的建设项目，合同价是当时签订合同时的造价。随着时间的推移，构成造价的主要人工费、材料费、施工机械费及其他费率不是静态不变的。因此，静态结算没有反映价格的时间动态性，这对承包商有一定损失，为了克服这个缺点，使用工程动态结算是必要的。动态结算把各种动态因素纳入结算过程中认真加以计算，使工程价款结算能基本反映工程项目实际消耗费用，使企

2-17 工程价款的动态结算

业获取一定的调价补偿，从而维护双方合法正当权益。常用的动态结算方法有以下几种。

（1）竣工调价系数法

这种方法是发承包双方采用当时的预算（或概算）定额单价计算出承包合同价，待竣工时，根据合理的工期及当地工程造价管理部门所公布的该月度（或季度）的工程造价指数，对原承包合同价予以调整，重点调整那些由实际人工费、材料费、施工机械费等费用上涨及工程变更因素造成的价差，并对承包人给予调价补偿。

 【例2-7】

深圳市某建筑公司承建一职工宿舍楼（框架结构），工程合同价款 500 万元，2019 年 2 月签订合同并开工，2020 年 4 月竣工。如根据竣工调价系数法予以动态结算，价差调整的款额应为多少？

【解】自《深圳市建筑工程造价指数表》查得：宿舍楼（框架结构）2019 年 2 月的造价指数为 113.81，2020 年 4 月的造价指数为 119.23。

$$工程价差调整额 = 工程合同价 \times \frac{竣工时工程造价指数}{签订合同时工程造价指数} - 工程合同价款$$

$$= 500 \times \frac{119.23}{113.81} - 500 \approx 23.8（万元）$$

（2）按实际价格结算法

在我国，由于需市场采购的建筑材料范围越来越大，有些地区规定对钢材、木材、水泥等三大材料采取按实际价格结算的方法，工程承包人可凭发票按实报销，这种方法方便而正确。但由于是实报实销，因而承包商对降低成本不感兴趣，为了避免副作用，地方主管部门要定期发布最高限价，同时合同文件中应规定发包人或工程师有权要求承包人选择更廉价的供应来源。

2-18 动态结算：调值公式法

（3）调价文件计算法

这种方法是发承包双方按当时的预算价格承包，在合同工期内，按照造价管理部门调价文件的规定，进行抽料补差（在同一价格期内按所完成的材料用量乘以价差）。也有的地方定期发布主要材料供应价格和管理价格，对这一时期的工程进行抽料补差。

（4）调值公式法

根据国际惯例，对建设项目工程价款的动态结算，一般是采用此法。事实上，在绝大多数国际工程项目中，发承包双方在签订合同时就明确列出这一调值公式，并以此作为价差调整的计算依据。

建筑安装工程费用价格调值公式一般包括固定部分、材料部分和人工部分。但当建筑安装工程的规模和复杂性增大时，公式也变得更加复杂。调值公式一般为：

$$P = P_0 \left(a_0 + a_1 \frac{A}{A_0} + a_2 \frac{B}{B_0} + a_3 \frac{C}{C_0} + \cdots \right) \tag{2-11}$$

式中　　　P——调值后合同价款或工程实际结算款；

P_0——合同价款中工程预算进度款；

a_0 ——固定要素，代表合同支付中不能调整的部分占合同总价中的比重；

a_1，a_2，a_3，… ——代表有关各项费用（如人工费用、钢材费用、水泥费用、运输费用等）在合同总价中所占比重，$a_0+a_1+a_2+a_3+\cdots=1$；

A_0，B_0，C_0，… ——投标截止日期前 28 天与 a_1，a_2，a_3，…对应的各项费用的基期价格指数或价格；

A，B，C，… ——在工程结算月份与 a_1，a_2，a_3，…对应的各项费用的现行价格指数或价格。

在运用这一调值公式进行工程价款价差调整时要注意以下几点：

① 固定要素取值范围在 0.15 ～ 0.35。固定要素对调价的结果影响很大，它与调价余额成反比关系。固定要素相当微小的变化，在实际调价时隐含着很大的费用变动，所以承包人在调值公式中采用的固定要素取值要尽可能偏小。

② 调值公式中有关的各项费用，按一般国际惯例，只选择用量大、价格高且具有代表性的一些典型材料的人工费和材料费，通常是大宗的水泥、砂石料、钢材、木材、沥青等，并用它们的价格指数变化综合代表材料费的价格变化，以便尽量与实际情况接近。

③ 各部分成本的比重系数，在许多招标文件中要求承包人在投标中提出，并在价格分析中予以论证。但也有的是由发包人在招标文件中规定一个允许范围，由投标人在此范围内选定。

④ 调整有关各项费用要与合同条款规定相一致。签订合同时，发承包双方一般应商定调整的有关费用和因素，以及物价波动到何种程度才进行调整。在国际工程中，一般在达到或超过 ±5% 时才进行调整。

⑤ 调整有关各项费用时应注意地点与时点。地点一般指工程所在地或指定的某地，时点指的是某月某日。这里要确定两个时点价格，即签订合同时间某个时点的市场价格（基础价格）和每次支付前的一定时间的时点价格。这两个时点就是计算调值的依据。

⑥ 确定每个品种的系数和固定要素系数，品种的系数要根据该品种价格对总造价的影响程度而定。各品种系数之和加上固定要素系数应该等于 1。

 【例2-8】

广东某城市土建工程，合同规定结算款为 100 万元，合同原始报价日期为 2019 年 3 月，工程于 2020 年 2 月建成交付使用。根据表 2-4 中所列工程人工费、材料费构成比例以及有关造价指数，计算工程实际结算款。

表 2-4 工程人工费、材料费构成比例及有关造价指数

项目	人工费	钢材	水泥	集料	一级红砖	砂	木材	不调值费用
比例	45%	11%	11%	5%	6%	3%	4%	15%
2019 年 3 月指数	100	100.8	102.0	93.6	100.2	95.4	93.4	—
2020 年 2 月指数	110.1	98.0	112.9	95.9	98.9	91.1	117.9	—

【解】 实际结算款 $=100\times\left[0.15+0.45\times\dfrac{110.1}{100}+0.11\times\dfrac{98.0}{100.8}+0.11\times\dfrac{112.9}{102.0}+0.05\right.$

$\left.\times\dfrac{95.9}{93.6}+0.06\times\dfrac{98.9}{100.2}+0.03\times\dfrac{91.1}{95.4}+0.04\times\dfrac{117.9}{93.4}\right]$

$\approx 100\times1.064$

≈ 106.4（万元）

总之，通过调整，2020年2月实际结算的工程价款为106.4万元，比原始合同价多结6.4万元。

2.3.2 工程结算案例

 【案例2-3】

某项工程项目业主与承包商签订了工程施工承包合同。合同中估算工程量为5300m³，原价180元/m³。合同工期为6个月，有关支付条款如下：

① 开工前，业主向承包商支付估算合同单价20%的预付款；

② 业主从第1个月起，从承包商的工程款中，按5%的比例扣质量保证金；

③ 当累计实际完成工程量超过（或低于）估算工程量的15%时，调价系数为0.9（或1.1）；

2-19 工程结算案例1

④ 每月签发工程款最低金额为15万元；

⑤ 预付款从乙方获得累计工程款超过估算合同价的30%以后的下一个月起至第5个月均匀扣除。

承包商每月实际完成并经签证认可的工程量如表2-5所示。

表2-5 每月实际完成工程量

月份	1	2	3	4	5	6
完成工程量/m³	800	1000	1200	1200	1200	800
累计完成工程量/m³	800	1800	3000	4200	5400	6200

【问题】① 估算合同总价是多少？

② 预付工程款是多少？预付工程款从哪个月起扣留？每月扣预付工程款多少？

③ 每月工程款是多少？应签证的工程款为多少？应签发的付款凭证金额是多少？

【分析】根据合同约定处理预付款，比按照理论计算方法处理工程预付款操作方便，而且实用性强。本案例还涉及在采用估计工程量单价合同情况下的合同单价的调整方法等。

【解】① 估算合同总价：$5300 \times 180 = 954000$（元）$=95.4$（万元）。

② 预付工程款：$95.4 \times 20\% = 19.08$（万元）。

预付工程款从第3个月开始扣留，因为第1个月、第2个月两个月累计已完工程款为：$1800 \times 180 = 324000$（元）$=32.4$（万元）$> 95.4 \times 30\% = 28.62$（万元）。

每月应扣预付工程款为：$19.08/3 = 6.36$（万元）。

③ ● 第1个月：

工程款为：$800 \times 180 = 144000$（元）$=14.40$（万元）。

应扣留质量保证金：$14.40 \times 5\% = 0.72$（万元）。

应签证的工程款：$14.40 \times 0.95 = 13.68$（万元）$< 15$万元（第1个月不予付款）。

● 第2个月：

工程款为：$1000 \times 180 = 180000$（元）$=18.00$（万元）。

应扣留质量保证金：18.00×5%=0.9（万元）。

应签证的工程款：18×0.95=17.10（万元）。

应签发的付款凭证金额：17.10+13.68=30.78（万元）＞15万元。

第2个月业主应支付给承包商的工程款为30.78万元。

● 第3个月：

工程款为：1200×180=216000（元）=21.60（万元）。

应扣留质量保证金：21.60×5%=1.08（万元）。

应扣工程预付款：6.36万元。

应付款：21.60-1.08-6.36=14.16（万元）＜15万元。

第3个月不予支付工程款。

● 第4个月：

工程量价格为：1200×180=216000（元）=21.60（万元）。

应扣留质量保证金：21.60×5%=1.08（万元）。

应扣工程预付款：6.36万元。

应付款：21.60-1.08-6.36=14.16（万元）。

14.16+14.16=28.32（万元）＞15万元。

第4个月业主应支付给承包商的工程款为28.32万元。

● 第5个月累计完成5400m³，比原估算的工程量超过100m³，但未超过估算工程量的10%，仍按原价估算工程款，1200×180=216000（元）=21.60（万元）。

应扣留质量保证金：21.60×5%=1.08（万元）。

应扣工程预付款：6.36万元。

本月应支付工程款14.16万元＜15万元。

第5个月不予支付工程款。

● 第6个月累计完成6200m³，比原估算量超过900m³，已超过15%，对超过部分按调整价计算的工程量为：6200-5300×（1+15%）=105（m³）。

第6个月：

工程量价款为：105×180×0.9+（800-105）×180=142110（元）=14.211（万元）。

应扣留质量保证金：14.211×5%≈0.711（万元）。

本月应支付工程款：14.211-0.711=13.50（万元）。

第6个月业主应支付给承包商的工程款为14.16+13.50=27.66（万元）。

 【案例2-4】

某承包商于某年承包某工程项目，与业主签订的承包合同的部分内容如下。

① 工程合同价2000万元，工程价款采用调值公式法动态结算。该工程的人工费占工程价款的35%，材料费占50%，不调值费用占15%。具体的调值公式为：

$$P = P_0 \times \left(0.15 + \frac{0.35A}{A_0} + \frac{0.23B}{B_0} + \frac{0.12C}{C_0} + \frac{0.08D}{D_0} + \frac{0.07E}{E_0} \right)$$

2-20　工程结算
案例2

其中，A_0、B_0、C_0、D_0、E_0 为基期价格指数；A、B、C、D、E 为工程结算日期的价格指数。

② 开工前业主向承包商支付合同价 20% 的工程预付款，当工程进度款达到 60% 时，开始从工程结算款中按 60% 抵扣工程预算款，竣工前全部扣清。

③ 工程进度款逐月结算。

④ 业主自第一个月起，从承包商的工程价款中按 5% 的比例扣留质量保证金。工程保修期为一年。

该合同的原始报价日期为当年 3 月 1 日。结算各月份的工资、材料价格指数如表 2-6 所示。

表 2-6 工资、材料价格指数表

基期	A_0	B_0	C_0	D_0	E_0
3 月指数	100	153.4	154.4	160.3	144.4
结算日期	A	B	C	D	E
5 月指数	110	156.2	154.4	162.2	160.2
6 月指数	108	158.2	156.2	162.2	162.2
7 月指数	108	158.4	158.4	162.2	164.2
8 月指数	110	160.2	158.4	164.2	162.4
9 月指数	110	160.2	160.2	164.2	162.8

未调值前各月完成的工程情况为：

5 月份完成工程 200 万元，本月业主供料部门材料费为 5 万元。

6 月份完成工程 300 万元。

7 月份完成工程 400 万元，另外业主方设计变更导致工程局部返工，造成拆除材料费损失 1500 元、人工费损失 1000 元，重新施工人工、材料等费用合计 1.5 万元。

8 月份完成工程 600 万元，另外由于施工中采用的模板形式与定额不同，造成模板费用增加 3000 元。

9 月份完成工程 500 万元，另有批准的工程索赔款 1 万元。

【问题】① 工程预付款是多少？

② 确定每月月终业主应支付给承包商的工程款。

③ 工程在竣工半年后，发生屋面漏水，业主应如何处理此事？

【分析】本案例涉及了工程结算方式、按月结算工程款的计算方法、工程预付款和起扣点的计算、质量保证金的扣留及工程价款的调整等；在进行结算时都要分别进行考虑。

【解】① 工程预付款：2000×20%=400（万元）。

② 工程预付款的起扣点：T=2000×60%=1200（万元）。

每月月终业主应支付的工程款：

● 5 月份月终支付：200×（0.15+0.35×110/100+0.23×156.2/153.4+0.12×154.4/154.4+0.08×162.2/160.3+0.07×160.2/144.4）×（1−5%）−5 ≈ 194.08（万元）。

● 6 月份月终支付：$300 \times (0.15+0.35 \times 108/100+0.23 \times 158.2/153.4+0.12 \times 156.2/154.4+0.08 \times 162.2/160.3+0.07 \times 162.2/144.4) \times (1-5\%) \approx 298.16$（万元）。

● 7 月份月终支付：$[400 \times (0.15+0.35 \times 108/100+0.23 \times 158.4/153.4+0.12 \times 158.4/154.4+0.08 \times 162.2/160.3+0.07 \times 164.2/144.4)+0.15+0.1+1.5] \times (1-5\%) \approx 400.28$（万元）。

● 8 月份月终支付：$600 \times (0.15+0.35 \times 110/100+0.23 \times 160.2/153.4+0.12 \times 158.4/154.4+0.08 \times 164.2/160.3+0.07 \times 162.4/144.4) \times (1-5\%)-300 \times 60\% \approx 423.62$（万元）。

[注：第一次扣预付款数额 = $(200+300+400+600-1200) \times 60\%=300 \times 60\%$。]

● 9 月份月终支付：$[500 \times (0.15+0.35 \times 110/100+0.23 \times 160.2/153.4+0.12 \times 160.2/154.4+0.08 \times 164.2/160.3+0.07 \times 162.8/144.4)+1] \times (1-5\%)-(400-300 \times 60\%) \approx 284.74$（万元）。

③ 工程在竣工半年后，发生屋面漏水，由于在保修期内，业主应首先通知原承包商进行维修。如果原承包商不能在约定的时限内派人维修，业主也可委托他人进行修理，费用从质量保证金中支付。需要注意的是，如果屋面漏水是业主的不当使用、第三方责任事件或不可抗力（如地震、不明物体撞击等）事件的发生等造成的，原承包商不承担保修责任，费用应该由业主负责。

引例解析

首先此工程未办理竣工图和竣工验收报告，不符合结算条件，应在办理竣工图和竣工验收报告后再明确结算的方式，根据双方签订承包合同规定的结算方式进行结算。

本工程招标时按照清单报价的方式招标，并且甲乙双方合同约定按照清单单价进行结算，合同约定具有法律效力，那么在工程结算时就应该遵守双方合同的约定，咨询公司作为中介机构是无权改变工程的结算计价方式的。

材料和做法变更无签字不能作为工程结算的依据，应该以事实为依据，如隐蔽工程验收记录、分部分项工程质量检验批、影像资料、双方的工作联系单、会议纪要等资料文件。如果乙方又不能提供这些事实依据，甲方有权拒结相应项目的变更费用。工程在施工过程中出现变更时，甲乙双方应该及时办理相应手续，避免工程以后给结算时带来的纠纷。

在工程施工过程中出现变更，合同中应该约定出现变更时变更部分工程价款的调整方式和办法，如采用定额计价方式、参考近似的清单单价、双方现场综合单价签证等。另外，工程量清单报价中有一张表格《分部分项工程量清单综合单价分析表》，在出现变更时，可以参照这个表格看一下清单综合单价的组成，相应地增减变更的分项工程子目，重新组价，组成工程变更后新的清单单价，但管理费率和利润率不能修改。

 技能训练

一、单项选择题

1. 根据我国现行的关于工程预付款的规定，下列说法中正确的是（   ）。
   A. 发包人应在合同签订后一个月内或开工前 10 天内支付
   B. 当约定需提交预付款保函时，保函的担保金额必须大于预付款金额
   C. 发包人不按约定预付且经催促仍不按要求预付的，承包人可停止施工

D. 工程预付款是发包人为解决承包人在施工过程中的资金周转问题而提供的协助

2. 下列关于工程预付款的说法中，不正确的是（　　）。

    A. 工程预付款额度，各地区、各部门的规定不完全相同

    B. 发包人支付给承包人的工程预付款其性质是预支

    C. 确定扣款额是工程预付款起扣的关键

    D. 发包人和承包人通过洽商用合同的形式予以确定，可采用等比率或等额扣款的方式

3. 根据现行有关保修规定，承包人应向业主出具质量保修书。下列内容中，不属于保修书中约定的内容的是（　　）。

    A. 保修范围   B. 保修期限   C. 保修责任   D. 保修金额

4. 某工作自由时差为1天，总时差为4天。该工作施工期间，因发包人延迟提供工程设备而致施工暂停。以下关于该项工作工期索赔的说法正确的是（　　）。

    A. 若施工暂停2天，则承包人可获得工期补偿1天

    B. 若施工暂停3天，则承包人可获得工期补偿1天

    C. 若施工暂停4天，则承包人可获得工期补偿3天

    D. 若施工暂停5天，则承包人可获得工期补偿1天

5. 关于工程合同价款约定的要求，以下说法不正确的是（　　）。

    A. 采用工程量清单计价的工程宜采用总价合同

    B. 招标文件与中标人投标文件不一致的地方，以投标文件为准

    C. 实行招标的工程，合同约定不得违背招标、投标文件中关于造价等方面的实质性内容

    D. 不实行招标的工程合同价款，在发承包双方认可的工程价款基础上，由发承包双方在合同中约定

6. 某基础工程隐蔽前已经工程师验收合格，在主体结构施工时因墙体开裂，对基础重新检验发现部分部位存在施工质量问题，则对重新检验的费用和工期的处理表达正确的是（　　）。

    A. 费用由工程师承担，工期由承包人承担

    B. 费用由承包人承担，工期由发包人承担

    C. 费用由承包人承担，工期由发承包双方协商

    D. 费用和工期由承包人承担

7. 根据《标准施工招标文件》中的合同条款，关于合理补偿承包人索赔的说法，正确的是（　　）。

    A. 承包人遇到不利物质条件可进行利润索赔

    B. 发生不可抗力事件只能进行工期索赔

    C. 异常恶劣天气导致的停工通常可以进行费用索赔

    D. 发包人原因引起的暂停施工只能进行工期索赔

8. 某独立土方工程，招标文件估计工程量为100万立方米，合同约定：工程款按月支付并同时在该款项中扣留5%的工程预付款；土方工程为全费用单位，每立方米为10元，当实际工程量超过估计工程量10%时，超过部分调整单价，每立方米为9元。某月施工单位完成土方工程量25万立方米，截至该月累计完成的工程量为120万立方米，则该月应结工程款为（　　）万元。

    A. 240   B. 237.5   C. 228   D. 236.6

9. 某分项工程发包方提供的估计工程量为 1500m³，合同中规定单价为 16 元 /m³，实际工程量超过估计工程量 10% 时，调整单价，单价调为 15 元 /m³，实际经过业主计量确认的工程量为 1800m³，则该分项工程结算款为（　　　）元。

    A. 28650　　　　　B. 27000　　　　　C. 28800　　　　　D. 28500

10. 建安工程价款的动态结算，不能采用的方法是（　　　）。

    A. 按实际价格结算法　　　　　B. 按主材计算价差

    C. 修正总价法　　　　　D. 竣工调价系数法

二、多项选择题

1. 关于安全文明施工费，说法正确的是（　　　）。

    A. 安全文明施工费不包括临时设施所需费用

    B. 安全文明施工费是可竞争费用

    C. 发包人应在工程开工后的 28 天内预付不低于当年施工进度计划的安全文明施工费总额的 60%

    D. 发包人应在工程开工后的 42 天内预付不低于当年施工进度计划的安全文明施工费总额的 50%

    E. 发包人在付款期满后的 7 天内仍未支付的，若发生安全事故，发包人应承担连带责任

2. 下列关于工程预付款扣回的说法，正确的有（　　　）。

    A. 对跨年度工程，其备料款的占用时间很长，根据需要可以少扣或不扣

    B. 扣款的方法可采用等比率或等额扣款的方式

    C. 对工期较短、造价较低的工程，就需分期扣还

    D. 预付款的性质是预支，所以开工后应按合同规定的时间和比例逐次扣回

    E. 扣款的方法由发包人和承包人通过洽商用合同的形式予以确定。

3. 某施工合同约定，现场主导施工机械一台，由承包人租得，台班单价为 200 元 / 台班，租赁费为 100 元 / 天，人工工资为 50 元 / 工日，窝工补贴为 20 元 / 工日，以人工费和机械费为基数的综合费率为 30%。在施工过程中，发生了如下事件：①遇异常恶劣天气导致停工 2 天、人员窝工 30 个工日、机械窝工 2 天；②发包人增加合同工作，用工 20 个工日，使用机械 1 台班；③场外大范围停电致停工 1 天、人员窝工 20 个工日、机械窝工 1 天。据此，下列选项正确的有（　　　）。

    A. 因异常恶劣天气停工可得的费用索赔额为 800 元

    B. 因异常恶劣天气停工可得的费用索赔额为 1040 元

    C. 因发包人增加合同工作，承包人可得的费用索赔额为 1560 元

    D. 因停电所致停工，承包人可得的费用索赔额为 500 元

    E. 承包人可得的总索赔费用为 2500 元

4. 关于自由时差和总时差的说法，正确的有（　　　）。

    A. 自由时差为零，总时差必定为零

    B. 总时差为零，自由时差必为零

    C. 在不影响总工期的前提下，工作的机动时间为总时差

    D. 在不影响紧后工作最早开始的前提下，工作的机动时间为自由时差

    E. 自由时差总是不大于总时差

5. 某工程采用公开招标的方式进行招标，按照《建设工程工程量清单计价规范》（GB

50500—2013），该工程合同价款的约定应遵循的规定包括（　　）。

    A. 合同价款应在中标通知书发出之日起 30 日内约定

    B. 合同价款约定是约定工程价款的计算与结算方式

    C. 合同价款应依据招标文件和中标人的投标文件约定

    D. 招标文件与中标人投标文件不一致的地方应以招标文件为准

    E. 招标文件与中标人投标文件不一致的地方应以投标文件为准

  6. 根据《标准施工招标文件》中的通用合同条款的规定，除专用合同条款另有约定外，在履行合同中发生（　　）之一，应按照规定进行变更。

    A. 发包人取消了合同中的部分土方工程，并转包给另一施工单位

    B. 提高合同中地基基础设计等级

    C. 改变合同工程的基线位置

    D. 改变合同中基础工程的施工时间

    E. 根据工程地基施工现场实际情况，决定增加钢板桩支护结构

  7. 竣工结算的方式有（　　）。

    A. 单位工程竣工结算　　B. 单项工程竣工结算　　C. 建设项目竣工总结算

    D. 分项工程竣工结算　　E. 分部工程竣工结算

  8. 工程价款结算对于建筑施工单位和建设单位均具有重要的意义，其主要作用有（　　）。

    A. 是建设单位组织竣工验收的先决条件

    B. 是加速资金周转的重要环节

    C. 是施工单位确定工程实际建设投资数额、编制竣工决算的主要依据

    D. 是施工单位内部进行成本核算、确定工程实际成本的重要依据

    E. 是反映工程进度的主要指标

  9. 常用的建筑安装工程费用动态结算方法有（　　）。

    A. 调值公式法　　　　B. 分部结算法　　　　C. 竣工调价系数法

    D. 按主材计算价差法　　E. 按实际价格结算法

  10. 在合同工程履行期间，关于因不可抗力事件导致的合同价款和工期调整，下列说法正确的有（　　）。

    A. 工程修复费用由承包人承担

    B. 承包人的施工机械设备损坏由发包人承担

    C. 工程本身损害由发包人承担

    D. 发包人要求赶工的，赶工费用由发包人承担

    E. 不可抗力事件解除后复工的，若不能按期竣工，应合理延长工期

三、名词解释

质量保证金、工程变更、暂估价、工程索赔、现场签证

四、计算题

工程施工合同总额为 4800 万元，主要材料和设备比重为 60%，预付款为 25%，工程预付款应从未施工工程尚需的主要材料及构配件的价值相当于预付款时起扣。请问预付款起扣点是多少？

五、案例分析题

1. 某建筑公司（乙方）于某年 4 月 20 日与某厂（甲方）签订了修建建筑面积为

3000m² 工业厂房（带地下室）的施工合同。乙方编制的施工方案和进度计划已获监理工程师批准。该工程的基坑施工方案规定：土方工程采用租赁一台斗容量为 1m³ 的反铲挖掘机施工。甲、乙双方合同约定 5 月 11 日开工，5 月 20 日完工。在实际施工中发生如下几项事件：

① 因租赁的挖掘机大修，晚开工 2 天，造成人员窝工 10 个工日；

② 基坑开挖后，因遇软土层，接到监理工程师 5 月 15 日停工的指令，进行地质复查，配合用工 15 个工日；

③ 5 月 19 日接到监理工程师于 5 月 20 日复工的指令，5 月 20 日至 5 月 22 日，因罕见的大雨迫使基坑开挖暂停，造成人员窝工 10 个工日；

④ 5 月 23 日用 30 个工日修复冲坏的永久道路，5 月 24 日恢复正常挖掘工作，最终基坑于 5 月 30 日挖坑完毕。

问题：

（1）简述工程施工索赔的程序。

（2）建筑公司对上述哪些事件可以向甲方要求索赔？哪些事件不可以要求索赔？并说明原因。

（3）每项事件工期索赔各是多少天？总计工期索赔是多少天？

2. 某工程建设项目施工承包合同中有关工程价款及其支付约定如下：

（1）签约合同价：82000 万元。合同形式：可调单价合同。

（2）预付款：签约合同价的 10%，按相同比例从每月应支付的工程进度款中抵扣，到竣工结算时全部扣完。

（3）工程进度款：按月支付。进度款金额包括：当月完成的清单子目的合同价款；当月确认的变更、索赔金额；当月价格调整金额；扣除合同约定应当抵扣的预付款和扣留的质量保证金。

（4）质量保证金：从月进度付款中按 5% 扣留，质量保证金限额为签约合同价的 5%。

（5）价格调整：采用价格指数法，公式如下：

$$\Delta P = P_0 \left(0.16 + 0.17 \times L/158 + 0.67 \times M/117 - 1 \right)$$

式中　ΔP——价格调整金额；

　　　P_0——当月完成的清单子目的合同价款和当月确认的变更与索赔金额的总和；

　　　L——当期工人费价格指数；

　　　M——当期材料设备综合价格指数。

该工程当年 4 月份开始施工，前 4 个月的有关数据见表 2-7。

表 2-7　有关数据

月份		4	5	6	7
截至当月累计完成的清单子目合同价款 / 万元		1200	3510	6950	9840
当月确认的变更金额 / 万元		0	60	-110	100
当月确认的索赔金额 / 万元		0	10	30	50
当月适用的价格指数	L	162	175	181	189
	M	122	130	133	141

问题：

（1）计算该4个月完成的清单子目的合同价款。

（2）计算该4个月各月的价格调整金额。

（3）计算6月份实际应拨付给承包人的工程款金额。

（注：列出计算过程，计算过程保留四位小数，计算结果保留两位小数。）

模块三

工程结算审查

 知识目标

- 掌握工程结算审查的原则。
- 掌握工程结算的依据。
- 掌握工程结算的程序及方法。
- 了解工程结算成果文件内容。

 技能目标

- 能够准备工程结算审查材料。
- 能够选择工程结算审查方法。
- 能够完成工程结算审查结果文件整理。

素质目标

- 具有科学严谨的工作作风，严格遵守国家法律法规和政策要求。
- 遵守职业道德，严格按照审查原则进行工程结算审查。

工程结算审查是建筑行业控制成本的手段，同时也是监管部门监督评估的手段。工程结算审查是审查人员对编制的工程结算进行全面审查和复核，最终确定工程造价的实施过程和行为，认真审查建设工程结算相关资料，有利于提升经济效益、节省投资、确保工程造价的正确性。

工程结算审查中，审查人员根据准备阶段由送审人提供的完整工程结算书等相关依据，按照合同，审查工程结算具体项目范围、内容，工程量计算、价格、变更、索赔等是否符合相关政策规范及合同规定，最终提供审查成果文件，并交由审定人员签字盖章，最后由受托人和被受托人共同签字。工程结算审查过程与结算编制过程基本相同。通过工程结算审查可实现有效控制成本。

引例

某清单计价招标工程，竣工结算时发现，设计要求采用平铺砖垫层，报价时却按铺碎砖垫层报价，因工程量很小，对工程造价影响不大。但在施工过程中采用碎砖进行了地基处理，且地基处理过程工程量较大。因此结算时施工单位按报价时的碎砖价格计算地基工程的综合单价。在进行内部审查时，因原碎砖价格远高于实际价格，增加投资较大，建设方不同意，原因是如果原报价不发生错误，投标文件中不会出现碎砖单价，该单价无效。施工单位认为既然他们已中标，原碎砖单价应该有效。这种情况审查时该怎样进行？

工程结算审查又称工程造价审查、工程价款审查，一般是监督审查单项、单位工程的造价，其审查过程与工程承包方的决算编制过程基本相同，即根据建设合同按照实际工程量套清单定额确定造价，一般由审计人员或造价工程师参加并完成。

工程结算审查主要指的是工程结算阶段的审查，工程有造价编制，就存在造价审核，它是建筑行业内外部控制成本的手段，同时也是监管部门监督评估的手段。主要包括：建设方对施工方的审查；施工方对分包方的审查；咨询公司对施工方的审查；公司内部的审查等。

3.1 审查原则

工程结算审查须遵循一定的原则，根据规范可知，审查原则包含以下内容：

① 工程价款结算审查按工程的施工内容或完成阶段分类，其形式包括竣工结算审查、分阶段结算审查、合同终止结算审查和专业分包结算审查。

② 建设项目由多个单项工程或单位工程构成的，应按建设项目划分标准的规定，分别审查各单项工程或单位工程的竣工结算，将审定的工程结算汇总，编制相应的工程结算审定文件。

③ 分阶段结算的审定工程，应分别审查各阶段工程结算，将审定结算汇总，编制相应的工程结算审查成果文件。

④ 除合同另有约定外，分阶段结算的支付申请文件应审查以下内容：

a. 本周期已完成工程的价款。

b. 累计已完成的工程价款。

c. 累计已支付的工程价款。

d. 本周期已完成的计日工金额。

e. 应增加和扣减的变更金额。

3-1 审查原则1

f. 应增加和扣减的索赔金额。

g. 应抵扣的工程预付款。

h. 应扣减的质量保证金。

i. 根据合同应增加和扣减的其他金额。

j. 本付款合同增加和扣减的其他金额。

3-2　审查原则2

⑤ 合同终止工程的结算审查，应按发包人和承包人认可的已完工程的实际工程量和施工合同的有关规定进行审查。合同终止结算审查方法基本同竣工结算的审查方法。

⑥ 专业分包的工程结算审查，应在相应的单位工程或单项工程结算内分别审查各专业分包工程结算，并按分包合同分别编制专业分包工程结算审查成果文件。

⑦ 工程结算审查应区分施工发承包合同类型及工程结算的计价模式，采用相应的工程结算审查方法。

⑧ 审查采用合同的工程结算时，应审查其与合同所约定结算编制方法的一致性，按照合同约定可以调整的内容，在合同价基础上对调整的设计变更、工程洽商以及工程索赔等合同约定可以调整的内容进行审查。

⑨ 审查采用单价合同的工程结算时，应审查按照竣工图或施工图以内的各个分部分项工程量计算的准确性，依据合同约定的方式审查分部分项工程项目价格，并对设计变更、工程洽商、施工措施以及工程索赔等调整内容进行审查。

⑩ 审查采用成本加酬金合同的工程结算时，应依据合同约定的方法审查各个分部分项工程以及设计变更、工程洽商、施工措施等内容的工程成本，并审查酬金及有关税费的取定。

⑪ 采用工程量清单计价的工程结算审查包括：

a. 工程项目的所有分部分项工程量，以及实施工程项目采用的措施项目工程量；为完成所有工程量而产生并按规定计算的人工费、材料费和施工机械使用费、企业管理费、利润，以及规费和税金取定的准确性。

b. 对分部分项工程和措施项目以外的其他项目所需计算的各项费用进行审查。

c. 对设计变更和工程变更费用依据合同约定的结算方法进行审查。

d. 对索赔费用依据相关签证进行审查。

e. 对合同的其他约定进行审查。

⑫ 工程结算审查应按照与合同约定的工程价款方式对原合同进行审查，并应按照分部分项工程费、措施费、措施项目费、其他项目费、规费、税金项目进行汇总。

⑬ 采用预算定额计价的工程结算审查应包括：

a. 套用定额的分部分项工程量、措施项目工程量和其他项目工程量，以及为完成所有工程量和其他项目而产生并按规定计算的人工费、材料费、机械使用费、规费、企业管理费、利润和税金与合同约定的编制方法的一致性、计算的准确性；

b. 对设计变更和工程变更费用在合同价基础上进行审查；

c. 对工程索赔费用按合同约定或签证确认的事项进行审查；

d. 对合同约定的其他费用进行审查。

知识拓展

分包工程结算指的是总包人与分包人依据约定的合同价款的确定和调整以及索赔等事项，对完成、终止、竣工分包工程项目进行工程价款的计算和确定的文件。

3.2 审查依据

工程结算审查依据指委托合同和完整、有效的工程计算文件。在进行工程结算审查时，工程结算审查的依据主要有以下几个方面：

① 建设期内影响合同价格的法律、法规和规范性文件。

② 工程结算审查委托合同。

3-3 审查依据

③ 完整、有效的工程结算书。

④ 施工发承包合同，专业分包合同及补充合同，有效材料、设备采购合同。

⑤ 与工程结算编制相关的国务院建设行政主管部门以及各省、自治区、直辖市和有关部门发布的建设工程造价计价标准、计价方法、计价定额、价格信息、相关规定等计价依据。

⑥ 招标文件、投标文件。

⑦ 工程施工图或竣工图、经批准的施工组织设计、设计变更、工程洽商、索赔与现场签证以及相关的会议纪要。

⑧ 工程材料及设备中标价、认价单。

⑨ 双方确认追加或核减的工程价款。

⑩ 经批准的开竣工报告或停复工报告。

⑪ 工程结算审查的其他专项规定。

⑫ 影响工程造价的其他相关资料。

3.3 工程结算审查程序

工程结算审查应按准备、审查和审定三个工作阶段进行，并实行编制人、校对人和审核人分别署名、盖章确认的内部审核制度。

3.3.1 准备阶段

① 审查工程结算手续的完备性、资料内容的完整性，对不符合要求的应退回限时补正。

3-4 准备阶段

② 审查计价依据及资料与工程结算的相关性、有效性。

③ 熟悉招投标文件、工程发承包合同、主要材料设备采购合同及相关文件。

④ 熟悉竣工图纸或施工图纸、施工组织设计、工程概况，以及设计变更、工程洽商和工程索赔情况等。

⑤ 掌握工程量清单计价规范、工程预算定额等与工程相关的国家和当地的建设行政主管部门发布的工程计价依据及相关规定。

3.3.2 审查阶段

① 审查结算项目范围、内容与合同约定的项目范围、内容的一致性。

② 审查工程量计算的准确性、工程量计算规则与计价规范或定额的一   3-5 审查阶段

致性。

③ 审查结算单价时应严格执行合同约定或现行的计价原则、方法；对于清单或定额缺项以及采用新材料、新工艺的，应根据施工过程中的合理消耗和市场价格审核结算单价。

④ 审查变更签证凭据的真实性、合法性、有效性，核准变更工程费用。

⑤ 审查索赔是否依据合同约定的索赔处理原则、程序和计算方法以及索赔费用的真实性、合法性、准确性。

⑥ 审查取费标准时，应严格执行合同约定的费用定额标准及有关规定，并审查取费依据的时效性、相符性。

⑦ 编制与结算相对应的结算审查对比表。

⑧ 提交工程结算审查初步成果文件，包括编制与工程结算相对应的工程结算审查对比表，待校对、复核。

3.3.3 审定阶段

① 工程结算审查初稿编制完成后，应召开由结算编制人、结算审查委托人及结算审查受托人共同参加的会议，听取意见，并进行合理的调整。

② 由结算审查受托人单位的部门负责人对结算审查的初步成果文件进行检查、校对。

③ 由结算审查受托人单位的主管负责人审核批准。

3-6　审定阶段

④ 发承包双方代表人和审查人应分别在结算审定签署表上签认并加盖公章。

⑤ 对结算审查结论有分歧的，应在出具结算审查报告前，至少组织两次协调会；凡不能共同签认的，审查受托人可适时结束审查工作，并做出必要说明。

⑥ 在合同约定的期限内，向委托人提交经结算审查编制人、校对人、审核人和受托人单位盖章确认的正式的结算审查报告。

工程结算审查编制人、审核人、审定人的各自职责和任务分别为：

① 工程结算审查编制人员按其专业分别承担其工作范围内的工程结算审查相关编制依据收集、整理工作，编制相应的初步成果文件，并对其编制的成果文件质量负责。

② 工程结算审查、审核人员应由专业负责人或技术负责人担任，对其专业范围内的内容进行校对、复核，并对其审核专业内的工程结算审查成果文件的质量负责。

③ 工程结算审查、审定人员应由专业负责人或技术负责人担任，对工程结算审查的全部内容进行审定，并对工程结算审查成果文件的质量负责。

3.4　工程结算审查方法及重点

3.4.1　审查方法

工程结算的审查应依据施工发承包合同约定的结算方法进行，根据施工发承包合同类型，采用不同的审查方法。这里的审查方法主要适用于采用单价合同的工程量清单单价法编制竣工结算的审查。

3-7　审查方法及重点

① 审查工程结算，除合同约定的方法外，对分部分项工程费用的审查依据施工合同相应约定以及实际完成的工程量、投标时的综合单价等进行计算。

② 工程结算审查时，对原招标工程量清单描述不清或项目特征发生变化，以及变更工程、新增工程中的综合单价应按下列方法确定：

a. 合同中已有适用的综合单价，应按已有的综合单价确定；

b. 合同中有类似的综合单价，可参照类似的综合单价确定；

c. 合同中没有适用或类似的综合单价，由承包人提出综合单价，经发包人确认后执行。

③ 工程结算审查中涉及措施项目费用的调整时，措施项目费用应依据合同约定的项目和金额计算，对发生变更、新增的措施项目，以发承包双方合同约定的计价方式计算，其中措施项目清单中的安全文明措施费用应审查是否按国家或省级、行业建设主管部门的规定计算。施工合同中未约定措施项目费用结算方法时，按以下方法审查：

a. 审查与分部分项实体消耗相关的措施项目，应随该分部分项工程的实体工程量的变化是否依据双方确定的工程量、合同约定的综合单价进行结算；

b. 审查独立性的措施项目是否按合同价中相应的措施项目费用进行结算；

c. 审查与整个建设项目相关的综合取定的措施项目费用是否参照投标报价的取费基数及费率进行结算。

④ 工程结算审查中涉及其他项目费用的调整时，按下列方法确定：

a. 审查计日工是否按发包人实际签证的数量、投标时的计日工单价以及确认的事项进行结算；

b. 审查暂估价中的材料单价是否按发承包双方最终确认价在分部分项工程费中对相应的综合单价进行调整，计入相应分部分项工程费用；

c. 对专业工程结算价的审查应按中标价或发包人、承包人与分包人最终确定的分包工程价进行结算；

d. 审查总承包服务费是否依据合同约定的结算方式进行结算，对以总价形式的固定总承包服务费不予调整，对以费率形式确定的总包服务费，应按专业分包工程中标价或发包人、承包人与分包人最终确定的分包工程价为基数和总承包单位的投标费率计算总承包服务费；

e. 审查计算金额是否按合同约定计算实际发生的费用，并分别列入相应的分部分项工程费、措施项目费中。

⑤ 投标工程量清单的漏项、设计变更、工程洽商等费用应依据施工图以及发承包双方签证资料确认的数量和合同约定的计价方式进行结算，其费用列入相应的分部分项工程费或措施项目费中。

⑥ 工程结算审查中涉及索赔费用的计算时，应依据发承包双方确认的索赔事项和合同约定的计价方式进行结算，其费用列入相应的分部分项工程费或措施项目费中。

⑦ 工程结算审查中涉及规费和税金计算时，应按国家、省级或行业建设主管部门的规定计算并调整。

知识拓展

单价合同和总价合同

单价合同，也称"单价不变合同"，指发承包双方约定以工程量清单及综合单价进行合同价款计算、调整和确认的建设工程施工合同。由合同确定的实物工程量单价，在合同有效期间原则上不变，并作为工程结算时所用单价；而工程量则按实际完成的数量结算，即量变价不变合同。

总价合同，指根据合同规定的工程施工内容和有关条件，业主应付给承包商的款额是一个规定的金额，即明确的总价。

3.4.2 审查重点

编制工程结算是一项非常繁重且涉及很多政策和技术的工作，因此工程结算的审查也是一项政策性、技术性、经济性较强，涉及范围较广，较为繁重的工作。审查时，必须明确审查工作的重点。

（1）合同审查

工程结算审查的第一依据是施工合同，对照合同，主要审核合同内容包括：是否具备办理竣工结算的条件；合同工期、质量、违约责任等条款是否完全履行；合同约定的结算方式以及合同借款的调整因素是否完全履行；合同约定的结算方式以及合同借款的调整因素是否与投标文件承诺相符；合同结算条款是否贯彻执行等。

（2）工程量审查

工程量的审查是项目分析的主要任务，分析项目的正确与否直接影响工程计算的准确性。工程量的审核，要熟悉施工图或竣工图，掌握工程量计算规则。在审核时要充分了解设计和签证的变化。

在进行工程审查时，审查的重点包括：桩基工程、钢筋混凝土工程等成本较高的工程量；容易混淆或有差距的项目，如基坑开挖；容易被重复计算的项目等；同时还要审查计算书计算单位是否一致；计算时是否和工程量计算规则相同等。

（3）定额套用的审查

在进行结算审查时，需审查选用定额的恰当性、合理性和准确性，这些都会直接影响到单价。例如，审查人材机是否与合同约定计价一致；换算是否准确合理等情况。

（4）设计变更

工程计算需体现设计变更。在审查时，需审查是否有原设计单位出具的设计变更通知单和修改图纸，设计、校审人员是否签字并加盖公章。经建设单位、监理工程师审查签字同意的设计变更才算有效变更，重大的设计变更应经原审批部门审批，否则不应列入结算。有些变更单是引起造价减少的项目，施工方在送审时不会主张变更，因此专业工程师要拿出有力的依据来说服施工方，从而准确确定设计变更部分的造价。

（5）工程签证

工程签证是在施工过程中发生的一些额外事件，它们反映了施工过程中的真实情况，但并不一定会导致工程造价的增加。核对时，应确保签证表中的签字要素均已填写完整，签字人是施工合同约定的当事人的责任人。

（6）材料价格差异分析

材料成本占项目成本的大部分，国家改革后，环保政策越来越严格。改革对钢铁、水泥等大宗商品的能源部门产生巨大影响，导致建筑材料价格发生重大变化。核对时，必须按照合同约定对材料种类、风险边际和调整方法进行调整，并结合相关政策文件、材料市场价格调查信息、发票文件、销售合同等再次核对为确定市场价格或材料价格指数而计算的材料数量，检查材料差异的大小。

（7）计费标准

核对各项费用是否按相关文件计算，项目分类是否正确，项目费用是否按相关计算基数和关税标准收取，是否采用利润和税金计算基数，利润率、税率、安全文明施工费是否符合规定。它决定了合同中是否规定了物料价格，是否正确计算了单价或总价，以及是否要从开票中扣除未计算的成本等。

工程结算在进行审查时一般有以下三种审查方式：

（1）全面审查法

进行审查时，工程量需要全部计算。审查人根据报审方提供的图纸等材料，结合现行定额、施工组织设计、承包合同或协议以及有关造价计算的规定和文件等，全面地审查工程数量。这种计算方法与编制施工图预算的方法和过程基本相同。采用这种方式进行工程量审查全面细致，且审查质量高、效果好，但同样工作量大，时间较长，且存在重复劳动。

（2）重点审查法

进行审查时，重点部分需要计算。这是检查项目初步成本估算关键点的一种方法。重点审查法与全面审查法类似，但在调查范围上与全面审查法不同，它只提取整个工程项目中最重要、价格高的部分或者是工作量较大、容易被忽略的部分进行重点审查。例如，钢筋混凝土工程、钢结构工程等成本较高的子项目。这种方法工作量相对较低，效果直观。

（3）对比审查法

对分析差异比较大的部分进行审查。对比审查法一般指的是同一地区的工程项目，如果单位工程的用途、结构和规范标准一致，该工程的造价应该基本相同。在使用对比审查法时，要结合当地的工程造价流程对单价和材料的费用进行明确。然后在进行审核的过程中要基于实际情况选择合适的对比审查方法，主要设计的审查方法有单方向定价对比法、占比对比法以及专业费用占比对比法。

单方向定价对比法是基于每平方米的造价，对工程的整体造价进行确定。占比对比法则是基于整个项目中费用所占据的比例，通过简单的分析和比较确定造价。专业费用占比对比法就是基于专业费用在整个项目中占据的比例进行造价分析。

3.5 工程结算审查成果文件

3.5.1 工程结算审查成果

工程结算审查最终成果体现在审查成果文件上，工程结算审查成果包括以下内容：工程结算审查书封面、签署页、目录、工程结算审查报告、结算审查相关表式、有关的附件。

3.5.2 工程量清单计价审查内容

采用工程量清单计价的工程结算审查包括以下内容：

① 工程结算审定签署表；

② 工程结算审查汇总对比表；

③ 单项工程结算审查汇总对比表；

④ 单位工程结算审查汇总对比表；

⑤ 分部分项工程清单与计价结算审查对比表；

⑥ 措施项目清单与计价审查对比表；

⑦ 其他项目清单与计价审查汇总对比表；

⑧ 规费、税金项目清单与计价审查对比表。

3.5.3 工程结算审查文件

工程结算审查文件一般由工程结算审查报告、结算审定签署表、工程结算审查汇总对比表、分部分项（措施、其他、零星）工程结算审查对比表以及结算内容审查说明等组成。

工程结算审查报告可根据该委托工程项目实际情况，以单位工程、单项工程或建设项目为对象进行编制，并应说明以下内容：概述、审查范围、审查原则、审查依据、审查方法、审查程序、审查结果、主要问题、有关建议。

结算审定签署表由结算审查委托人填制，并由结算审查委托单位、结算编制人与结算审查受委托人签字盖章。当结算审查委托人与建设单位不一致时，按工程造价咨询合同要求或结算审查委托人的要求，确定是否增加建设单位在结算审定签署表上签字盖章。

工程结算审查汇总对比表、单项工程结算审查汇总对比表、单位工程结算审查汇总对比表应当按其所规定的内容详细编制。

结算内容审查说明应阐述以下内容：

① 主要工程子目调整的说明；

② 增减变化较大的工程数量的说明；

③ 子目单价、材料、设备、参数和费用有重大变化的说明；

④ 其他有关问题的说明。

工程结算审查书参考格式如下。

（1）工程结算审查书封面（表3-1）

表3-1 工程结算审查书封面

（工程名称）   工 程 结 算 审 查 书   档 案 号：   （编 制 单 位 名 称） （工 程 造 价 咨 询 单 位 执 业 章） 年　　月　　日

（2）工程结算审查书签署页（表 3-2）

表 3-2　工程结算审查书签署页

（工程名称）

工 程 结 算 审 查 书

档 案 号：

编 制 人：_____　［执业（从业）印章］_____

审 核 人：_____　［执业（从业）印章］_____

审 定 人：_____　［执业（从业）印章］_____

法定代表人或授权人：_____

（3）工程结算审查报告（表 3-3）

表 3-3　工程结算审查报告

（工程名称）

工 程 结 算 审 查 报 告

1. 概述

2. 审查范围

3. 审查原则

4. 审查依据

5. 审查方法

6. 审查程序

7. 审查结果

8. 主要问题

9. 有关建议

（4）结算审定签署表（表3-4）

表3-4 结算审定签署表

金额单位：元

工程名称			工程地址		
发包人单位			承包人单位		
委托合同书编号			审定日期		
报审结算造价			调整金额（＋、－）		
审定结算造价	大写				小写	
委托单位（签章） 法定代表人或其授权人 （签字并盖章）	建设单位（签章） 法定代表人或其授权人 （签字并盖章）		承包单位（签章） 法定代表人或其授权人 （签字并盖章）		审查单位（签章） 法定代表人或其授权人 （签字并盖章）

（5）工程结算审查汇总对比表（表3-5）

表3-5 工程结算审查汇总对比表

项目名称：

金额单位：元

序号	单项工程名称	报审结算金额	审定结算金额	调整金额	备注
	合计				

编制人： 审核人： 审定人：

（6）单项工程结算审查汇总对比表（表3-6）

表 3-6　单项工程结算审查汇总对比表

单项工程名称：　　　　　　　　　　　　　　　　　　　　　　　　　　　　　金额单位：元

序号	单位工程名称	报审结算金额	审定后结算金额	调整金额	备注
	合计				

编制人：　　　　　　　　　　　　审核人：　　　　　　　　　　　　审定人：

（7）单位工程结算审查汇总对比表（表3-7）

表 3-7　单位工程结算审查汇总对比表

单位工程名称：　　　　　　　　　　　　　　　　　　　　　　　　　　　　　金额单位：元

序号	汇总内容	报审结算金额	审定结算金额	调整金额	备注
1	分部分项工程				
1.1					
1.2					
1.3					
2	措施项目费				
2.1	安全文明施工费				
3	其他项目				
3.1	专业工程结算价				
3.2	计日工				
3.3	总承包服务费				
4	规费				
5	税金				
	合计				

编制人：　　　　　　　　　　　　审核人：　　　　　　　　　　　　审定人：

（8）分部分项工程结算审查汇总对比表（表3-8）

表 3-8　分部分项工程结算审查汇总对比表

序号	项目编码	项目名称	项目特征描述	计量单位	原报审			审查后			调整金额/元	备注
					工程量	综合单价/元	合价/元	工程量	综合单价/元	合价/元		
	本页小计											
	合计											

编制人：　　　　　　　　　　审核人：　　　　　　　　　　审定人：

（9）措施项目清单与计价审查对比表（一）（表3-9）

表 3-9　措施项目清单与计价审查对比表（一）

序号	项目名称	计算基数	原报审		审查后		调整金额/元	备注
			费率/%	金额/元	费率/%	金额/元		
1	分部分项工程							
2	夜间施工费							
3	二次搬运费							
4	冬雨季施工费							
5	大型机械设备建筑物的临时保护设备							
6	施工排水							
7	施工降水							
8	地上地下设备及保护							
9	已完工程及设备保护							
10	各专业工程的措施项目							
11								
12								
	合计							

编制人：　　　　　　　　　　审核人：　　　　　　　　　　审定人：

（10）措施项目清单与计价审查对比表（二）（表 3-10）

表 3-10 措施项目清单与计价审查对比表（二）

序号	项目编码	项目名称	项目特征描述	计量单位	原报审			审查后			调整金额/元	备注
					工程量	综合单价/元	合价/元	工程量	综合单价/元	合价/元		
		本页小计										
		合计										

编制人：   审核人：   审定人：

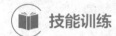 **技能训练**

一、单选题

1. （   ）应在相应的单位工程或单项工程结算内分别审查各专业分包工程结算，并按分包合同分别编制专业分包工程结算审查成果文件。

    A. 专业分包的工程结算审查   B. 分阶段结算审查

    C. 合同终止结算审查   D. 合同增加或减少的结算审查

2. 除合同另有约定外，关于分阶段结算支付申请文件需审查内容，以下说法正确的是（   ）。

    A. 质量保证金不需审查   B. 索赔金额不需在分阶段结算中审查

    C. 需审查本周期未完成的价款   D. 需审查本周期已完成价款

3. 下列内容中，不属于工程量清单项目工程量计算依据的是（   ）。

    A. 施工图纸及设计说明   B. 工程项目管理实施规划

    C. 招标文件的商务条款   D. 工程量计算规则

二、判断题

1. 工程审查时，只有是建设期内相关建设工程造价的法律、法规和规范性文件才可作为审查依据。（   ）

2. 结算审定签署表由工程承包方编制。（   ）

三、简答题

1. 除合同另有约定外，分阶段结算的支付申请文件还应审查什么内容？

2. 工程结算审查报告中需要说明的内容有哪些？

模块四

工程数字化结算

工程造价行业全面进入"数字造价管理"时代。在项目的竣工阶段，数字化技术对项目的最后成本控制起到提升总效率的作用。在建设工程项目收尾阶段，数字化技术能对施工过程中存在的一系列工程变更进行数据化的记录，减少不必要的扯皮现象。在竣工结算时，它能通过数字模型中大量的人材机消耗记录的项目数据进行项目成本的统计与校核和数字模型可视化的审核对量，提高工程结算阶段最终成本的效率以及完备性。本模块主要依托广联达GCCP6.0 云计价平台，介绍验工计价文件和结算文件的编制方法。

 引例

某普通办公楼给排水施工图标明了给水管规格、型号，承包人投标时按其管径报价，施工时才发现，该型号给水管是新型材料，具有抑菌功能，全国仅有一家企业生产，价格比投标报价高数倍，承包人要求变更为普通给水管，但发包人要求按图施工，该行为是否构成工程变更？

4.1 数字化结算概述

4.1.1 工程造价数字化应用概述

2018 年，在第九届中国数字建筑峰会上，"数字造价管理"理念被首次提出，它阐释了造价行业数字化转型路径，推动了造价管理技术与业务的融合。2019 年，在打造"中国建造"品牌目标的引领下，工程造价产业升级加速，数字技术

4-1 数字化
结算概述

在其中发挥了关键作用。2020 年，新技术对于建筑业高质量发展的重要推进作用被全行业认可，科技赋能造价业务变革成为必然，工程造价行业因此全面进入"数字造价管理"时代。

4.1.1.1 数字造价的含义

"数字造价"是利用 BIM（建筑信息模型）、云计算、大数据、物联网、移动互联网和人工智能等数字技术引领工程造价管理转型升级的行业战略。结合全面造价管理的理论与方法，集成人员、流程、数据、技术和业务系统，实现工程造价管理的全过程、全要素、全参与方的结构化、在线化、智能化，构建项目、企业和行业的平台生态圈，从而促进以新计价、新管理、新服务为代表的理想场景实现，推动造价专业领域转型升级，实现让每一个工程项目综合价值更优的目标。

4.1.1.2 工程造价数字化的意义

在工程项目造价管理中，数字化技术对项目全生命周期的各个阶段都有积极的意义。

（1）决策阶段的意义

数字化技术可对以往完成的相似项目进行数据平台的储存和调取，之后以平台历史数据当中的项目信息来建立项目初始数字模型，通过模型进行不同的可行性方案的分析，充分判断项目在实施之前经济成本对项目的影响，最终确定最优方案，完成一个有具体可查询相似案例作为参考的项目估算。

（2）设计阶段的意义

在估算经批复之后，进入到项目的设计阶段，数字化技术为该阶段方案进行了可行性的优化，从而促使项目概算更为准确。

在设计阶段，通过数字化的建筑信息模拟技术，完成整个项目多专业的设计建模，之后对建筑信息模型进行各专业的碰撞检查，找出设计中存在的碰撞点并将其进行优化，从而进一步增加了设计图纸的合理性。与此同时，通过数字化的碰撞模拟技术还能减少设计当中出现错误的可能性，由于设计碰撞而带来的后期图纸变更、成本浪费的情况，大大提高了设计图纸的经济性，加强了该阶段工程概算的准确性，使其对于后期的工程造价管理更加具有控制性。

（3）招投标阶段的意义

根据清华大学马智亮在《中国建筑业信息化发展报告（2020）》"行业监管与服务的数字化应用与发展"中的有效调查，目前数字化技术在建设工程项目招投标阶段的应用是最高的，达到受访对象的50%。这说明在该阶段数字化技术能够为工作平台带来更多的便利性和管理性，同时也能更好地帮助招标单位确定项目的最高限价并帮助施工单位完善自身的投标价格。数字化技术在招标阶段，能够使用数字化的平台进行信息的收集以及数字及企业的统计，并且控制招标过程管理中的各种影响因素，将造价成本数据与招标管理技术进行结合，更好地构成一个具有一定系统性的项目管理平台体系。投标单位通过数字化的施工模拟技术，可以规划出更加符合项目情况、具有技术性的建设工程施工技术性文件，从而提高自身报价文件和技术文件的竞争性。

（4）施工阶段的意义

建设工程的项目实际施工阶段是全过程控制当中至关重要的一个阶段，在该阶段使用数字化技术进行项目工程造价的控制与管理，对于项目整体成本管理来说是具有必要性的。首先，通过建设工程数字化管理的5D平台，将施工进度进行实时上传并与施工进度计划进行比较，从而控制施工工期以及质量，这样可以有效地把控由于时间带来的成本损耗；其次，利用相同的建筑数字化信息管理的5D技术将人工的使用、机械的损耗、材料的采购及摊销进行实时数据记录，将其储存至项目施工信息数据库当中，对施工进度与项目成本同步进行施工阶段预算控制，可以有效防止在实际施工过程中由于人工管理不合理出现的停工窝工、材料设备采购部协调、材料浪费、设备供应运输安排不合理等徒增施工成本的现象。

（5）竣工及运维（运营维护）阶段的意义

在项目的竣工阶段，数字化技术也能对项目的最后成本控制起到提升总效率的作用。在建设工程项目收尾阶段，数字化技术能对施工过程中存在的一系列工程变更进行数据化的记录，减少不必要的扯皮现象。在竣工结算时，它能通过数字模型中大量的人材机消耗记录的项目数据进行项目成本的统计与校核和数字模型可视化的审核对量，提高工程结算阶段最终成本的效率以及完备性，以及根据数据平台最终统计出的数据进行项目造价的分析，更好地研究建设项目的成本分布和利润变化原因，对今后应对相似项目吸取更好的经验和技术，并将其记录至数字化平台当中。另外，目前已发展的后期数字化建筑运维软件可以对项目进行模拟透视化的监督管理，这样的数字化技术不仅提高了项目的管理，还减少了一定的人工管理成本。

在国内建筑数字信息化快速发展的潮流下，数字化应用和发展是新时期工程造价行业的必经之路。目前越来越多企业引入数字化技术，通过提高公司内部工程项目的建设效率，提升工程项目的造价管理控制效率。

4.1.2 结算业务介绍

4.1.2.1 结算项目所处阶段

工程项目建设程序是工程项目从策划、评估、决策、设计、施工到竣工验收、投入生产或交付使用的整个建设过程中，各项工作必须遵循的先后的工作次序。工程项目建设程序是工程建设过程客观规律的反映，是建设工程项目科学决策和顺利进行的重要保证。工程项目建设程序是人们长期在工程项目建设实践中得出来的经验总结，不能任意颠倒，但可以合理交叉，如图 4-1 所示。

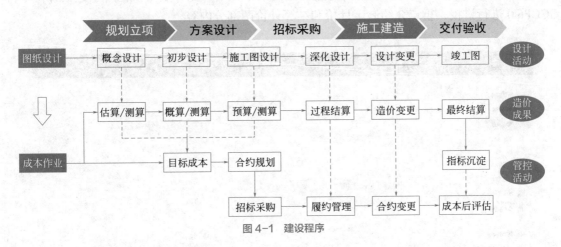

图 4-1　建设程序

其中，结算项目主要贯穿施工建造阶段和交付验收阶段。无论是图纸深化设计，还是设计变更及竣工图，都可以影响到项目的结算。

4.1.2.2　结算方式与内容

工程结算的内容与结算的方式息息相关，结算方式如图 4-2 所示。概括起来，主要包括合同内结算和合同外结算。合同内结算内容有：分部分项、措施项目、其他项目、人材机调差、规费、税金等。合同外结算的内容有：变更、签证、索赔、工程量偏差、人材机调差等项目。

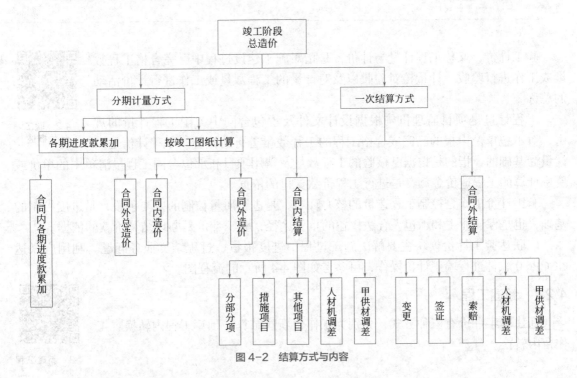

图 4-2　结算方式与内容

4.1.2.3 云计价平台介绍

广联达云计价平台 GCCP6.0 是为建设工程造价领域全价值链人员提供"云 + 端 + 大数据"的数字化转型解决方案的产品，概 - 预 - 结 - 审各阶段数据编制、审核、积累、分析再挖掘的数字化平台，如图 4-3 所示。这里介绍的数字化结算业务主要依托广联达云计价平台 GCCP6.0 进行讲授，重点介绍验工计价和结算计价两部分内容。

图 4-3　云计价界面

4.2　验工计价

验工计价，又称工程计量与计价，是指对施工建设过程中已完合格工程数量或工作进行验收、计量核对验收以及对计量的工程数量或工作进行计价活动的总称。

工程计量是项目监理机构根据设计文件及承包合同中关于工程计量的规定，对承包单位申报的已完成合格工程的工程数量进行的核验。工程计价是以计量为基础的，指的是根据已核验的工程数量及费用项目和承包合同工程量清单中的单价或费率计算的工程造价金额，是进行工程价款支付的依据。

4-2　验工计价概述

验工计价工作是控制工程造价的核心环节，是进行质量控制的主要手段，是进度控制的基础，也是保证业主和承包人合法权益的重要途径，验工计价是办理结算价款的依据。

广联达验工计价模块主要解决施工过程中进度报量、过程结算业务问题。利用广联达 GCCP6.0 软件进行验工计价操作，可参考如图 4-4 所示的流程图。

4.2.1　新建工程

新建验工计价有三种方式，分别为工作台新建结算、预算工程内转换、工作台内转换。

4-3　新建工程

图 4-4 验工计价操作流程

4.2.1.1 工作台新建结算

在工作台菜单栏，单击【新建结算】→【验工计价】，单击【浏览】，选择预算文件（P5/P6），单击【立即新建】，如图 4-5 所示。

图 4-5 工作台新建结算

4.2.1.2 预算工程内转换

在预算工程内，单击左上角【文件】→下拉菜单选择"转为验工计价"，将预算工程直接转换为验工计价，如图 4-6 所示。

4.2.1.3 工作台内转换

在最近文件中，选择一个文件，单击鼠标右键，选择"转为验工计价"，将预算文件转为进度报量，如图 4-7 所示。

以上三种方法都可以新建验工计价文件，用户可以自主选择其中一种方法。

4.2.2 分部分项

验工计价文件新建完成后，要根据合同文件中规定的计量周期设置分期及起止时间段，然后选择每个周期进行进度报量。

图 4-6　预算工程内转换

图 4-7　工作台内转换

4.2.2.1　形象进度

在项目的节点上，单击【形象进度】，选择分期，在当期分期下，输入"项目名称""形象进度描述""监理确认"状态、"建设单位确认"状态，如图 4-8 所示。

4-4　形象进度

知识拓展

工程形象进度是按工程的主要组成部分，用文字或实物工程量的百分数，简明扼要地表明施工工程在一定时间点上（通常是期末）达到的形象部位和总进度。例如，用"浇制钢筋混凝土柱基础完""基础回填土完 80%"和"预制钢筋混凝土梁、柱完 70%"表示框架结构厂房工程的形象进度，表明该厂房正处在基础工程施工的后期和钢筋混凝土梁、柱预制阶段，预制梁、柱尚未开始吊装且有 30% 尚未预制。

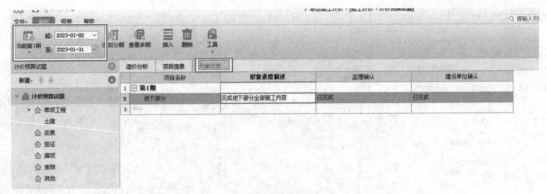

图 4-8　形象进度

4.2.2.2　分期输入

第二种报量方式是"分期输入"，根据合同规定的计量周期设置分期及起止时间段。

在工具栏左上角的功能键中选择"添加分期"，在弹出的窗口设置分期以及施工时间段，单击【确定】，有几期就设置几期，如图 4-9 所示。

4-5　设置分期

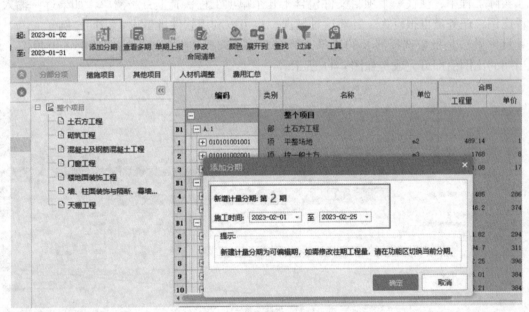

图 4-9　分期输入

4.2.2.3　输入当前期量

根据工程的进度和合同约定，据实填报。在软件中，输入清单完成量或完成比例，会自动统计出累计完成量、累计完成比例、累计完成合价及未完成工程量，工程进展清晰可见。

4-6　输入当前期工程量

例如，选择"第 1 期上报（当前期）"，在分部分项列表中，输入"第 1 期量"或者"第 1 期比例"；再选择"第 2 期"，在分部分项列表中，输入"第 2 期量"或者"第 2 期比例"；……依次填写各期的工程量，如图 4-10 所示。输入完成后，软件会自动累加。

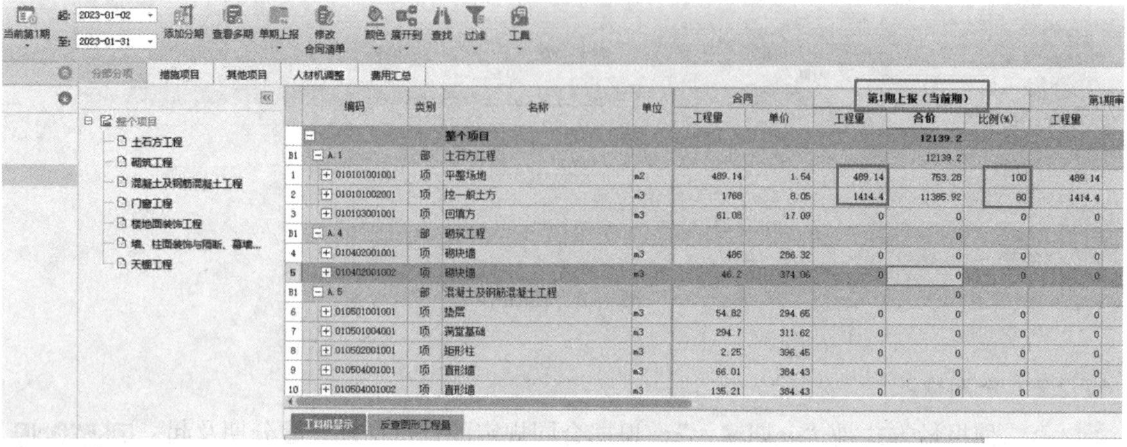

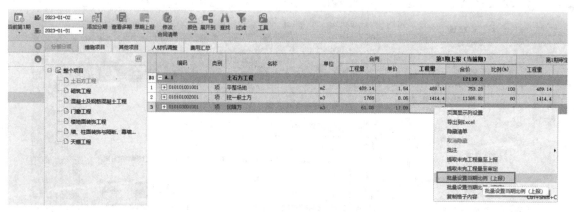

图 4-10　输入当前期量

4.2.2.4　批量设置当期比例

实际工程中，往往一个项目文件包含十几个单项工程，有上百条清单，如果逐一输入量或者比例，任务量也很巨大。针对这种情况，也可以利用软件批量设置当期比例。

具体做法是批量选择涉及的清单，单击右键，选择"批量设置当期比例（上报）"，输入当期的比例值即可完成，如图 4-11 所示。

图 4-11　批量设置当期比例

4.2.2.5　提取未完成工程量

对于进度款报量来说，针对一个工期几年的项目，进度报量的次数很多。如果预算人员利用 Excel 汇总统计未完成的工程量，再和合同量进行对比，工作任务比较烦琐，这时可以利用软件自动提取未完成的工程量。具体做法是选择当期的工程量，单击鼠标右键，选择"提取未完工程量至上报"，工程量自动提取完成，如图 4-12 所示。

4-7　提取未完成的工程量及预警提示

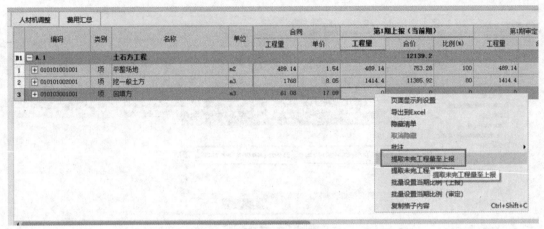

图 4-12　提取未完成工程量

4.2.2.6　预警提示

当累计的报量超出了合同的工程量，软件就会在"累计完成比例"或"累计完成量"的单元格中出现红色显示，起到提示作用，如图 4-13 所示。

图 4-13　预警提示

4.2.2.7　查看多期

当进度报量期数太多，可以利用"查看多期"功能，查看各期的进度报量，直观获取工程的进度情况。

具体做法：工具栏单击【查看多期】，软件默认所有期都选取，也可根据需要选择某几期，这样分部分项表格中就只显示选中的几期的内容。通过这种方法，可以使数据更一目了然，如图 4-14 所示。

4-8　查看多期与修改合同清单

4.2.2.8　修改合同清单

施工过程中由于实际情况普遍存在很多细小变更，如图纸中要求使用 $\phi 8$ 钢筋，可实际施工现场只有 $\phi 10$ 钢筋，施工方会通过技术核定单等方式变相调整项目特征，结算时施工方一般都是直接在原合同清单基础上调整特征和材料。在 GCCP6.0 中，新增了修改合同清单的功能，可以直接在合同内修改合同数据。

具体做法：工具栏选择【修改合同清单】，弹出"修改合同清单"窗口，对于需要修改的清单将其进行修改，修改完成后单击【应用修改】，关闭窗口。这时在修改后的清单项前面就会出现修改的图标，如图 4-15 所示。

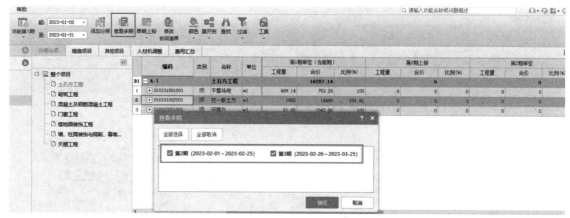

图 4-14 查看多期

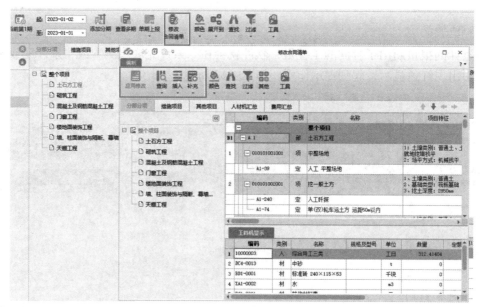

图 4-15 修改合同清单

4.2.3 措施项目

措施项目依据地方特点，其合同约定的结算方式不尽相同，要按不同计算方法计算各项措施费，而且不同计算方式的累计方法不同。

根据实际结算的方式，软件有三种计量方法，分别是：手动输入比例、按分部分项完成比例、按实际发生。软件既可以统一设置，又可以单独设置。

4-9 措施项目

4.2.3.1 手动输入比例

在措施项目下，选择当前期，工具栏计量方式选择"手动输入比例"，直接在"第 1 期量 / 比例"中输入所需的比例数值，如图 4-16 所示。

4.2.3.2 按分部分项完成比例

分部分项完成比例 =（分部分项完成的量 / 总量）× 措施的总价格

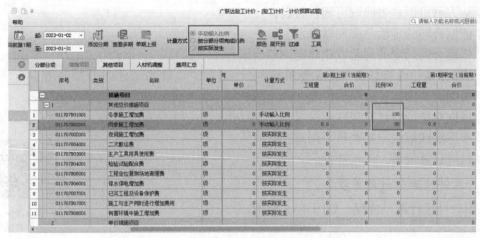

图 4-16 手动输入比例

具体做法：在措施项目下，选择当前期，工具栏计量方式选择"按分部分项完成比例"，直接在"当前期量/比例"中输入所需的比例数值。

4.2.3.3 按实际发生

按实际已经完成的人工费、材料费、机械费等为计算基数，乘以费率，得到措施费的价格。

具体做法：在措施项目下，选择当前期，工具栏计量方式选择"按实际发生"，直接在"当前期量/比例"中输入所需的比例数值。

4.2.4 其他项目

其他项目包括：暂列金额、暂估价、计日工、总承包服务费、索赔与现场签证费等。其他项目报量方式操作同"分部分项"，直接通过输入分期的方式完成，在这里不再详细说明，如图 4-17 所示。

4-10 其他项目

图 4-17 其他项目报量

4.2.5 人材机调整

4.2.5.1 人材机调差思路

要进行人材机调差就要了解合同的形式以及合同中约定的材料调差的范围、调差的幅度和调整的办法，具体思路为：

4-11 人材机调差思路

① 从人材机汇总表摘取可调差材料；

② 依据合同约定汇总多期材料发生量；

③ 依据合同约定的调差方式确定调差因素；

④ 根据信息价/确认价确定调整价格；

⑤ 根据调差因素计算单位价差；

⑥ 根据单位价差计算涨跌幅；

⑦ 根据涨跌幅确定是否给予调差；

⑧ 最终计算价差，计入造价。

4-12 材料调差操作步骤

4.2.5.2 软件处理材料调差步骤

采用软件进行调差流程，如图4-18所示。

图4-18 软件调差操作流程

（1）选择调整材料的范围

切换到人材机调整界面，选择"材料调差"，单击工具栏【从人材机汇总中选择】，在弹出的窗口中勾选需要调差的材料，点击【确定】，如图4-19所示。

图4-19 人材机汇总选择

（2）调整风险幅度范围

单击工具栏【风险幅度范围】，在弹出的窗口中调整"风险幅度范围"，例如，-10%～10%，点击【确定】，如图4-20所示。

图4-20　调整风险幅度范围

（3）选择调整办法

单击工具栏选择调整办法，例如，选择"当期价与合同价差额调整法"，如图4-21所示。

图4-21　选择调整办法

（4）设置调差周期

单击工具栏【设置调差周期】，在弹出的窗口中，选择"起始周期"和"结束周期"，如图4-22所示。

（5）载价

单击工具栏【载价】，选择"当期价批量载价"，在弹出的"广材助手批量载价"窗口中，根据需要选择"信息价""市场价""专业测定价"或"企业价格库",单击【下一步】,后续根据提示继续点击【下一步】,直至载价完成。具体步骤如图4-23所示。

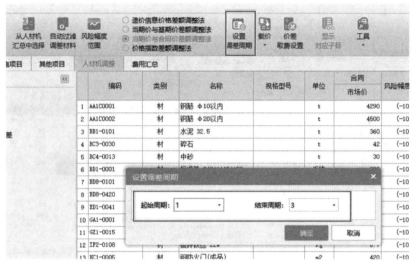

图4-22 设置调差周期

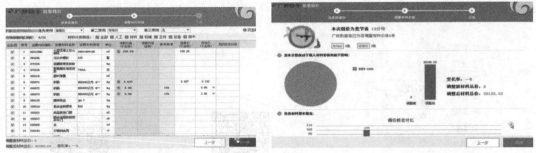

图 4-23　载价

4.2.6　费用汇总

4-13　费用汇总

费用汇总可以查看价差取费的情况、已经报量调差后的工程总造价。生成当期上报文件后，报送审计方或甲方确认。

具体步骤：切换到费用汇总界面，选择【单期上报】→"生成当期进度文件"，勾选需上报的工程范围，点击【确定】，如图 4-24 所示。

	序号			计算基数	基数说明	费率(%)
1	1	A	分部分项工程量清单计价合计	FBFXHJ	分部分项合计	
2	2	B	措施项目清单计价合计	CSXMHJ	措施项目清单计价合计	
3	2.1	B1	单价措施项目工程量清单计价合计	DJCSF	单价措施项目	
4	2.2	B2	其他总价措施项目清单计价合计	QTZJCSF	其他总价措施项目	
5	3	C	其他项目清单计价合计	QTXMHJ	其他项目合计	
6	4	D	规费	GFHJ	规费合计	
7	5	E	安全生产、文明施工费	AQWMSGF	安全生产、文明施工费	
8	6	F	税前工程造价	A＋B＋C＋D＋E	分部分项工程量清单计价合计＋措施项目清单计价合计＋其他项目清单计价合计＋规费＋安全生产、文明施工费	
9	6.1	F1	其中：进项税额	JXSE＋SBFJXSE	进项税额＋设备费进项税额	
10	7	G	销项税额	F＋SBF＋JSCS_SBF－JGCLF－JGZCF－JGSBF－F1	税前工程造价＋分部分项设备费＋组价措施项目设备费－甲供材料费－甲供主材费－甲供设备费－其中：进项税额	

图 4-24　费用汇总

4.2.7　合同外变更、签证、漏项、索赔

对于合同外的变更、签证、漏项、索赔，可以通过导入计价文件的形式进行，导入后它和合同内处理进度报量的做法是一样的。合同外的部分也可以添加分期、查看多期、预警提醒，工程量也可以分期输入或者设置比例，方便多人协作。

具体做法：例如，在软件"变更"下，点击鼠标右键，选择"导入变更"，选择做好的文件导入即可。如图 4-25 所示为合同外变更导入。

4.2.8　报表

选择"报表"菜单，选取所需的报表格式，可进行批量导出，可导出 PDF 格式或者

Excel 格式，如图 4-26 所示。

图 4-25　合同外变更导入

4-14　合同外的签证、变更

4-15　报表

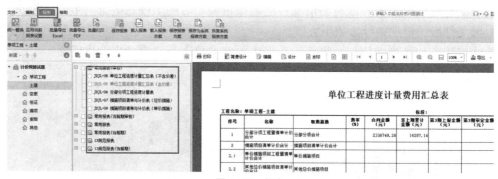

图 4-26　报表

4.3　结算计价

从验工计价是可以直接转换到结算计价的。对于竣工结算和验工计价，它们的业务场景都是包括合同内和合同外两个部分的内容。对于合同内，要以进度计量作为结算的依据；对于合同外，要准备变更、签证等资料。无论合同内还是合同外的造价，利用云计价软件都能够让结算过程更加的便捷、高效。

4-16　结算计价新建工程

4.3.1　新建工程

新建结算计价也有三种方式，分别为工作台新建结算、投标文件转换、工作台内转换。

4.3.1.1　工作台新建结算

选择"新建结算"→单击【结算计价】→点击【浏览】，载入招投标文件→单击【立即新建】，如图 4-27 所示。

4.3.1.2　投标文件转换

打开投标项目文件→单击【文件】→【转为结算计价】，如图 4-28 所示。

4.3.1.3　工作台内转换

在"最近文件"中找到投标项目→右键点击【转为结算计价】，如图 4-29 所示。

以上三种方法都可以新建结算计价文件，用户可以自主选择其中一种方法。

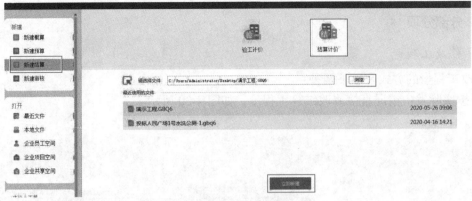

图 4-27　工作台新建结算

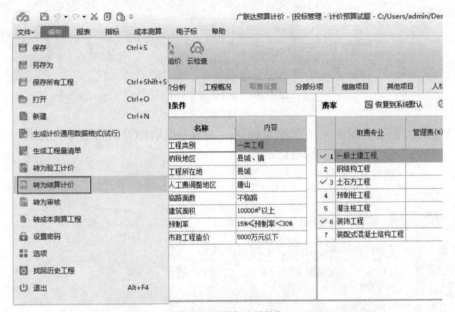

图 4-28　投标文件转换

图 4-29　工作台内转换

4.3.2 分部分项

4.3.2.1 修改工程量

修改工程量的方式有以下两种：

① 按实际发生情况直接修改结算工程量，如图 4-30 所示。

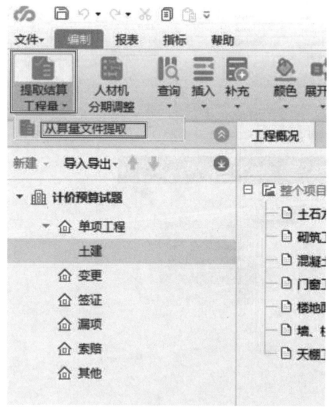

图 4-30 直接修改工程量

② 结算的工程量要根据竣工图纸及合同，点击【提取结算工程量】→选择"从算量文件提取"→选择算量文件，如图 4-31 所示。

图 4-31 提取结算工程量

4-17 结算计价修改工程量

4.3.2.2 预警提示

进度计量，需要作为结算依据，无法直接实现；结算工程量需要判断是否超过设定幅度，需要自行设置变量区间来考虑。软件中量差超过范围时会给出提示，这是因为增加了清单工程量超亏幅度判断。变量区间在软件中也可自行设置。

4-18 结算计价预警提示

软件左上角下拉选择"选项"→点击【结算设置】→输入工程量偏差量，默认"−15% ~ 15%"。当量差超过这个量，会有红色预警出现，如图 4-32 所示。

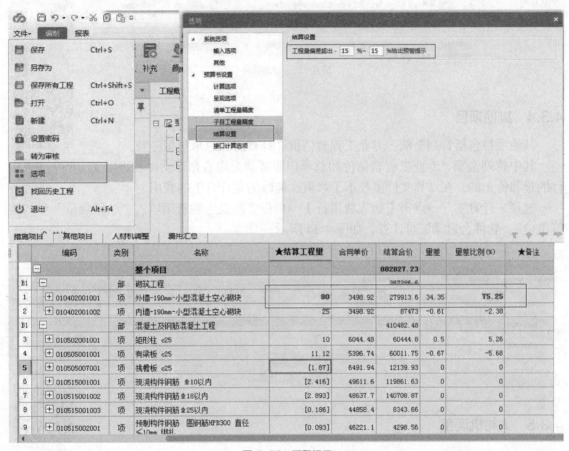

图 4-32　预警提示

4.3.3 措施项目

措施项目量的调整分为两种情况：第一种是合同约定，即措施费执行固定总价，相关费用发生变化也不调整，或设计图纸发生变更，则走变更，或者是根据实际情况来进行结算；第二种就是按照当地的文件规定，按照百分比进行下调。这两种情况，软件都可以直接实现。

4-19 结算计价措施项目

软件中可选择的结算方式有三种：总价包干、可调措施、按实际发生。软件既支持统一设置，又能单独设置。选好结算方式后，修改费率即可，如图 4-33 所示。

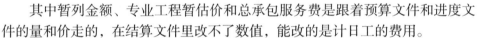

图 4-33　措施项目

4.3.4　其他项目

其他项目包括暂列金额、专业工程暂估价、计日工和总承包服务费。

其中暂列金额、专业工程暂估价和总承包服务费是跟着预算文件和进度文件的量和价走的，在结算文件里改不了数值，能改的是计日工的费用。

4-20　结算计价其他项目

选择"计日工"→点击【插入费用行】→根据实际发生的费用填入"结算数量"和"结算单价"，软件会自动汇总计算，如图 4-34 所示。

图 4-34　计日工

4.3.5　人材机调整

4.3.5.1　选择调整材料的范围

切换到人材机调整界面，选择"材料调差"，单击工具栏【从人材机汇总中选择】，在弹出的窗口中勾选需要调差的材料，点击【确定】，如图 4-35 所示。

4-21　结算计价人材机调整

4.3.5.2　调整风险幅度范围

单击工具栏【风险幅度范围】，在弹出的窗口中调整"风险幅度范围"，例如，-10% ～ 10%，点击【确定】，如图 4-36 所示。

4.3.5.3　选择调整办法

单击工具栏选择调整办法，例如，选择"结算价与合同价差额调整法"，如图 4-37 所示。

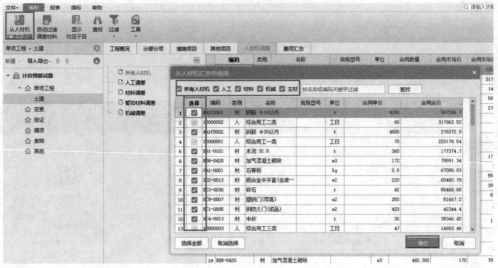

从人材机汇总中选择
所有人材机
人工
材料
机械
主材
查找
选择全部
取消选择
确定
取消

图 4-35　从人材机汇总中选择

造价信息价格差额调整法
结算价与基期价差额调整法
结算价与合同价差额调整法
价格指数差额调整法
风险幅度范围
风险幅度范围：
-10
%~
10
确定
取消

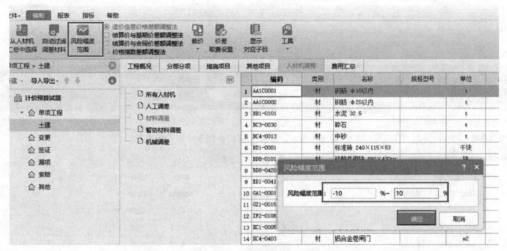

图 4-36　调整风险幅度范围

造价信息价格差额调整法
结算价与基期价差额调整法
结算价与合同价差额调整法
价格指数差额调整法

图 4-37　选择调整办法

4.3.5.4　载价

单击工具栏【载价】，选择“当期价批量载价”，在弹出的“广材助手批量载价”窗口中，根据需要选择“信息价”“市场价”“专业测定价”，单击【下一步】，后续根据提示继续点击【下一步】，直至载价完成。具体步骤如图 4-38 所示。

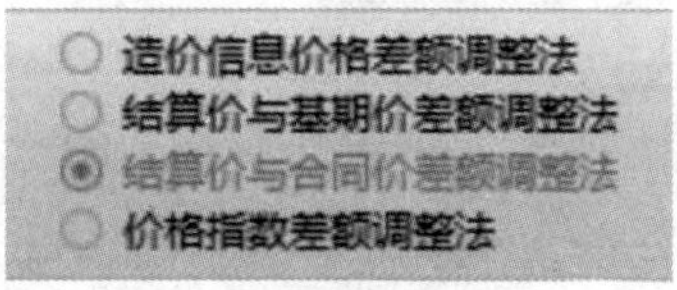

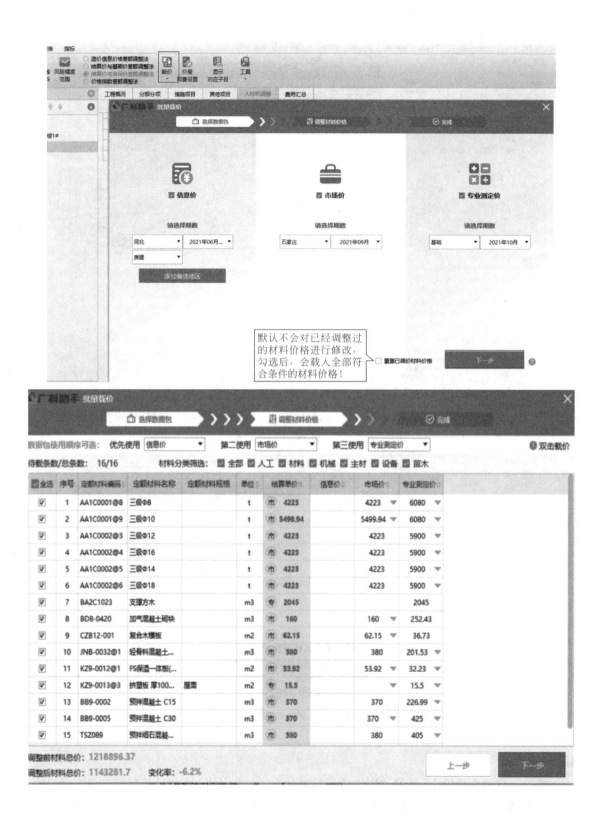

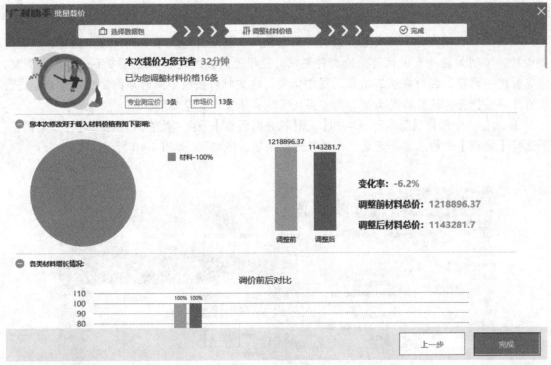

图 4-38 载价

4.3.5.5 价差取费

点击【价差取费设置】，根据需要选择"计税金"或"计规费和税金"等内容。设置好之后，总的价差就计算出来了，如图 4-39 所示。

4-22 人材机
分期调差

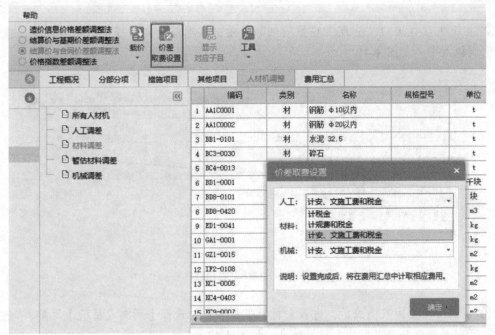

图 4-39 价差取费设置

知识拓展

建设项目合同文件中约定某些材料（例如钢筋）按季度（或年）进行价差调整，或规定某些材料（例如混凝土）执行批价文件要求。但甲乙双方约定施工过程中不进行价差调整，结算时统一调整。因此在竣工结算过程中需要将这些材料按照不同时期的发生数量分期进行载价并调整价差。这种情况又要如何去实现呢？具体操作步骤如下。

① 选择"分部分项"界面→单击【人材机分期调整】→在"是否对人材机进行分期调整"下选择【分期】→输入"总期数"→选择"分期输入方式"，如图4-40所示。

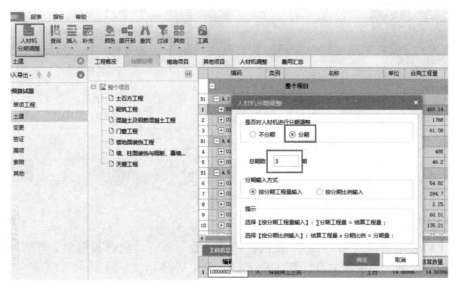

图4-40 人材机分期调整

② 在下方属性窗口"分期工程量明细"页签，可选择分期工程量的输入方式，按分期量或比例输入中，见图4-41。

编码	类别	名称	单位	合同工程量	★结算工程量	合同单价	结算合价	量差	量差
		整个项目					882827.23		
B1	部	砌筑工程					367386.6		
1	项	010402001001	外墙-190mm-小型混凝土空心砌块	m3	45.65	80	3498.92	279913.6	34.35	
2	项	010402001002	内墙-190mm-小型混凝土空心砌块	m3	25.61	25	3498.92	87473	-0.61	
B1	部	混凝土及钢筋混凝土工程					410482.48		
3	项	010502001001	矩形柱-25	m3	0.5	10	8044.48	80448	0.5	

工料机显示　单价构成　分期工程量明细

按分期工程量输入　▼　分期比例应用到其他

分期	★分期量	★备注
1	80	
2	0	
3	0	

图4-41 输入分期工程量

③ 分期工程量输入完成后，进入人材机汇总界面，选择【所有人材机】页签，"分期量查看"可查看每个分期发生的人材机数量，见图4-42。

图 4-42 分期量查看

④"材料调差"页签增加"单期/多期调差设置",可选择"单期调差"或"多期(季度、年度)调差",在调差工作界面汇总每期调差工程量,见图 4-43。

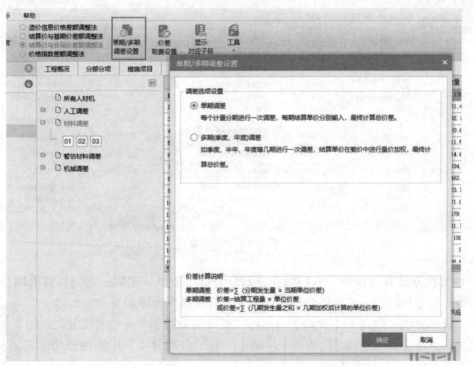

图 4-43 单期/多期调差设置

⑤选择"材料调差"的任一期,对人材机进行分期调整并计算价差,见图 4-44。

图 4-44 人材机分期调整

4.3.6 费用汇总

在"费用汇总"可以查看"结算金额",如图 4-45 所示。

图 4-45 费用汇总

在 GCCP6.0 结算计价中,合同内允许新增分部、清单、定额,相同材料沿用合同内价格,新增的部分与原合同差异用颜色标识区分。具体操作步骤如下:

在"分部分项"中点击【查询】→选择"查询清单指引"→选择需添加的清单项目,点击【插入清单】,插入【定额】→在"分部分项"中添加新增部分的"结算工程量",见图 4-46。

注: 如果已经进行了分期,无法直接添加清单。只有在分期之前,才可以直接添加清单。

图 4-46 合同内新增清单

4.3.7 合同外变更

4.3.7.1 复用合同清单

做结算时，由招标方计算的工程量差错或者设计变更引起的工程量差异，按照《建设工程工程量清单计价规范》（GB 50500—2013），超出了 ±15% 的量差幅度范围的清单需要列入到合同外的变更单里。当工程量减少超过 15% 时，减少后剩余部分的工程量的综合单价要予以提高，措施项目费调减。当

4-25 复用、
关联合同清单

工程量增加超过 15% 时，综合单价予以调低，措施项目费调增。在这种情况下，利用复用合同清单可以直接将超过量差幅度范围内的工程量自动筛选出来，直接快速地应用到合同里面。

在变更的单位工程中，点击【复用合同清单】→设置过滤范围（-15% ～ 15%）→勾选"量差幅度以外的工程量"→【确定】，见图 4-47。

4.3.7.2 关联合同清单

已标价工程量清单中没有适用但有类似于变更工程项目的，可在合理范围内参照类似项目的单价。当编辑合同外内容时，会直接（或间接）使用合同清单，这时候就需要将合同外新增清单与原合同清单建立关联以方便进行对比查看，在上报签证变更资料时也可以作为其价格的来源依据。

点击【关联合同清单】，自行按照筛选方式关联清单，关联过后也可点击【查看合同关联】进行检查，当发现两者有比较明显的差异时，定位至合同内清单进行进一步检查，见图 4-48。

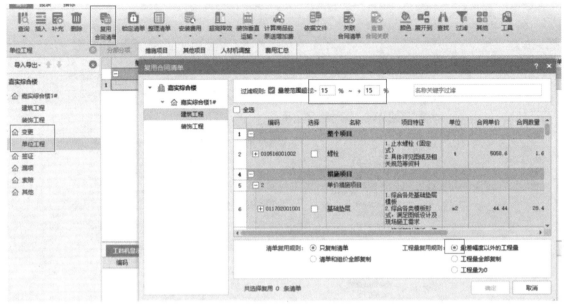

图 4-47　复用合同清单

4.3.7.3　依据文件

4-26　添加依据文件

合同外清单上报时要求提供相应变更签证依据文件，将图片、Excel 文件以附件资料包上传。整个项目或分部行插入"依据文件"，关联任何形式的依据证明资料，添加依据后，"依据"列即可查看，见图 4-49。

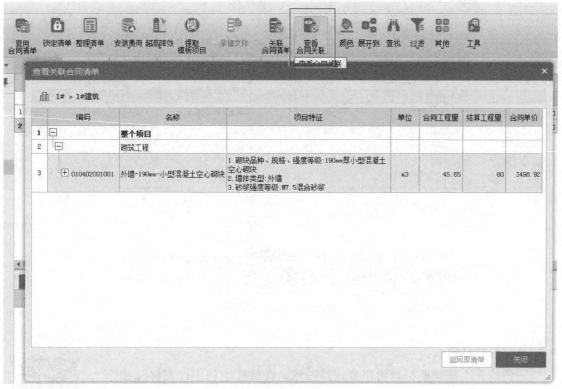

图 4-48 关联合同清单

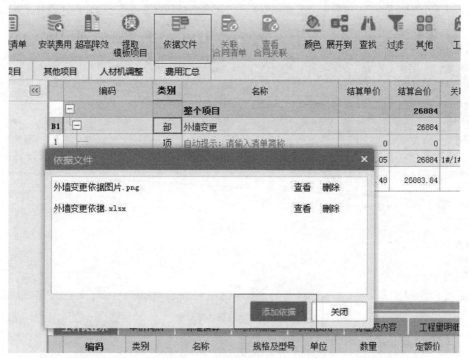

图 4-49

图4-49 添加依据文件

4.3.7.4 人材机调差

　　一份结算文件同期材料价格要保持一致，在软件中利用"人材机参与调整"功能，合同外人材机可以按照合同内的调差方法自动调整。

　　"人材机调整"项目中，点击左上角【人材机参与调差】，即可实现合同外与合同内相同材料同价，自动统计出价差，方便快捷，见图4-50。

4-27　人材机调差
及工程归属

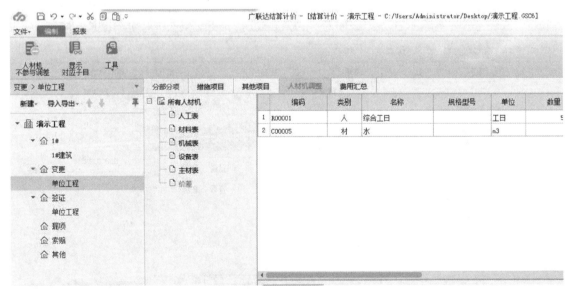

图4-50 人材机参与调差

4.3.7.5 工程归属

　　在变更的单位工程中，点击右键，调出"工程归属"，即可将合同外的单位工程并入合同内，计算经济指标，如图 4-51 所示。

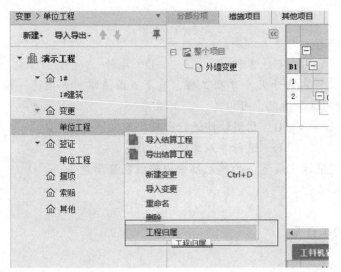

图 4-51 工程归属

4.3.8 报表

选择"报表"菜单，选取所需的报表格式，可进行批量导出，可导出 PDF 格式或者 Excel 格式。软件中除有标准的结算报表之外，还提供了《建设工程工程量清单计价规范》（GB 50500—2013）报表，内容更全面，如图 4-52 所示。

4-28 结算计价报表

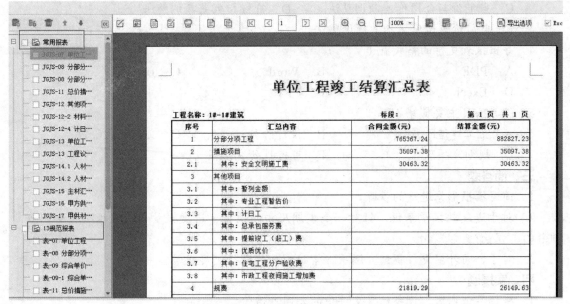

图 4-52 报表

📖 **技能训练**

一、单项选择题

1. 编制验工计价文件，新建工程有（   ）方法。

    A. 1 种　　　　　　B. 2 种　　　　　　C. 3 种　　　　　　D. 4 种

2. 实际工程中，往往一个项目文件包含十几个单项工程，有上百条清单，如果逐一输入量或者比例，任务量也很巨大。针对这种情况，可以（   ）操作。

    A. 进行逐条输入　　　　　　　　　B. 利用软件进行当期比例批量设置

    C. 进行复制粘贴　　　　　　　　　D. 进行导入文件

3. 软件在"累计完成比例"或"累计完成量"的单元格中出现红色显示是（   ）。

    A. 累计的报量少于合同的工程量

    B. 工程量输入错误

    C. 累计的报量超出了合同的工程量

    D. 此项有过调整

二、多项选择题

1. 清单单价合同，措施项目根据实际结算的方式，软件有（   ）计量方法。

    A. 手动输入比例　　　　B. 估算比例　　　　C. 按分部分项完成比例

    D. 按实际发生　　　　　E. 按估算总量

2. 其他项目费包括（   ）。

    A. 暂列金额　　　　　　B. 暂估价　　　　　　C. 计日工

    D. 总承包服务费　　　　E. 安全生产文明施工费

3. 软件处理材料调差的调差方法有（   ）。

    A. 造价信息价格差额调整法　　　　B. 当期价与基期价差额调整法

    C. 当期价与合同价差额调整法　　　D. 价格指数差额调整法

    E. 当前价与造价信息差额调整法

4. 导出报表支持的格式有（   ）。

    A. PDF　　　　　　　　B. Word　　　　　　C. txt

    D. Excel　　　　　　　E. PPT

5. 结算项目主要贯穿（   ）。

    A. 施工建造阶段　　　　B. 设计阶段　　　　C. 交付验收阶段

    D. 规划立项阶段　　　　E. 可行性研究阶段

三、简答题

1. 简述填报形象进度的步骤。

2. 对于进度款报量来说，针对一个工期几年的项目，进度报量的次数很多，如何查看剩余的工程量？

3. 对于合同外变更、签证、漏项、索赔，如何进行进度报量？

四、实操题

1. 根据签证内容，调整结算文件中的合同外造价。

2021 年 3 月 10 日 19:00，土方开挖期间，该地区出现罕见暴雨，降雨量达到 60mm。

暴雨导致发生如下事件:

事件一 存放现场的硅酸盐水泥(P.Ⅰ 42.5散装)共5t,其中3t被雨水浸泡后无法使用,2t被雨水冲走。

事件二 暴雨导致甲方正在施工的现场办公室遭到破坏,材料损失25000元,修复办公室破损部位费用50000元。

2. 按下列要求新建竣工结算文件。

工程类别:三类工程。

工程所在地:石家庄(市区),三面临路。

工程计价编制为一般计税法,根据当地定额规则计算相关费用。

建筑面积:2830. 43m²。

模块五

工程项目决策阶段审计

📋 **知识目标**

- 了解工程项目的各种常用标准和规范，熟悉相关的法律法规。
- 熟悉工程审计的程序和方法。
- 掌握工程项目决策阶段审计的内容。

🔄 **技能目标**

- 能够完成工程项目投资决策审计。

✖ **素质目标**

- 具有高度的责任感和正义感，自觉遵章守纪、廉洁自律、恪尽职守。
- 具有敏锐的观察力和发现问题的能力，能够及时发现并解决工程审计中的各种问题。
- 具备批判性思维和分析能力，能够对工程项目的决策阶段进行全面评估，并找出其中存在的问题和潜在的风险。

5.1 工程审计概述

5.1.1 工程审计的概念

5.1.1.1 审计的概念

审计是独立于被审计单位的机构和人员，对被审计单位的财政、财政收支及其有关经济活动的真实性、合法性和效益性进行检查、评价、公证的一种监督活动。

审计主要研究对象是审计理论、审计方法、审计组织和审计制度等审计活动。

5.1.1.2 工程审计的定义

随着我国经济的飞速发展，工程建设项目众多，工程建设投资数额巨大，然而现行的建设管理模式尚未完善，一些项目还存在建设周期过长、损失浪费情况比较严重、项目建成后达不到预期目标等问题。因此，如何利用现代化的管理技术和手段，加强工程项目的管理，按照工程项目建设程序进行有效的计划、组织、协调和控制，以适应内部及外部环境，并组织高效益的施工，使生产要素优化组合、合理配置，保证施工生产的均衡性，从而促进我国工程项目管理水平和投资效益的全面提高，已是投资者和建设方等各方日益关注的问题。

工程审计是指由独立的审计机构和审计人员，依据国家现行法律法规和相关审计标准，运用审计技术，对工程项目建设的全过程的技术经济活动和建设行为进行监督、评价和鉴证的活动。

工程审计作为我国审计监督工作的重要组成部分，通过对建设项目建设过程的合法性、合规性和有效性进行监督、评价和鉴证，提出提高工程项目管理成效的意见和建议，达到提高建设项目投资效益的目的。

中国内部审计协会 2021 年颁发的《第 3201 号内部审计实务指南——建设项目审计》第六章规定：工程造价审计是指内部审计机构和内部审计人员依据相关法规和合同协议，对建设项目成本的组成及其真实性、合理性进行审查，对项目成本控制做出评价，以及对改进和完善工程成本管理工作提出意见和建议。

5.1.1.3 建设项目审计的目的

审计的目的包括：

（1）规范建设管理

内部审计机构以促进项目管理机构和参建单位提升管理水平，理顺建设项目内外部关系，规范建设行为，提升项目质量和效益为目标。一是要确认建设项目与国家法律法规和行业规范的符合程度；二是要确认项目管理机构和参建单位与本组织内部控制体系的符合程度；三是要确认项目建设中对各项建设设计和施工技术规程、规范以及本项目的设计文件的符合程度；四是要确认项目财务信息、进度信息、投资完成信息的真实性，关注工程数量、质量、建设内容和过程的真实性。同时，审计还应当关注财经制度和廉政纪律执行情况，协助促进反腐倡廉机制建设。

（2）揭示建设风险

内部审计机构关注建设项目建设各阶段在工期、质量、成本、安全、环境等管理中可能存在的薄弱环节、偏差和风险，协助项目管理单位查找漏洞和缺陷，促进规范管理和风险防范。

（3）提升建设项目绩效

内部审计机构在审计中应当检验建设目标实现程度，提升项目效益，从而增加项目投资人的回报。一是确认项目进度目标任务是否实现。项目按期交付使用，就能尽早实现投资效益。二是确认建设项目质量、是否合格安全控制目标是否实现，建设项目的质量、安全风险同时也是审计关注的重要内容。三是确认项目投资控制及绩效目标是否实现。通过对项目造价控制提出切实可行的审计意见和建议，完成阶段性或单项工程造价审计，能直接节约投资，提高项目绩效。

5.1.2 工程审计的特点

工程项目的审计是对投资者、建设单位及其他项目参加者从其主观和客观上进行的一种经济监督、评价和鉴证活动，是对建设单位及其他项目参加者所进行的建设活动中的经济行为的客观评价。

5-1 工程审计
的特点

作为审计业务的一部分，工程审计与其他审计业务一样，具有以下特点。

（1）工作的相对独立性

这是审计的本质属性。主要体现在：

组织上——审计机构是独立的专职机构，与被审单位无隶属关系。

人员上——审计机构与被审单位无利益冲突关系，实行回避制度，受法律保护。

工作上——审计机构独立行使审计监督权，不受干预，客观审计。

经费上——审计机构有足够的经费来源，不受被审单位牵制。

在审计过程中必须根据国家法律法规及有关财务会计制度，独立地检查、评价被审部门、单位及所属各部门、各单位的财务收支以及与此相关的经营管理活动，维护国家利益。但是对于内部审计来说，由于内部审计人员是本单位的职工，这就使内部审计的独立性受到很大的制约。特别是遇到国家利益与部门、单位利益冲突的情况，内部审计机构的独立决策可能会受到本单位利益的限制。而社会审计的独立性往往也受委托者的利益或观念制约。

（2）服务性

工程审计的目的在于促进建设项目实现质量、速度、效益三项目标，因此审计既是被审计单位的审计监督者，也可为被审计单位提供专门咨询服务。

（3）审查范围的广泛性

工程审计必然要涉及项目建设活动的方方面面。由于工程项目建设涉及面广，建设周期长，投资数额较大，项目相关者众多，且必须遵循基本建设程序，因此，与其他专业审计相比，工程审计有其自身固有的特征，主要表现在：

① 审计对象的复杂性。工程项目涉及面广，既包括生产性建设项目，也包括非生产性建设项目。建设项目的投资主体千差万别，不同行业的建设项目投资特点也不尽相同。同时，工程项目参与者众多，各项目参加者在工程项目建设过程中担任的角色也不一样。因此工程审计涉及面广，审计工作量较大。

② 审计内容的多样性。传统的审计工作着重于对被审计单位财务收支活动及会计资料进行审计。而工程审计涉及被审计单位工程项目建设过程中的所有技术经济活动，包括工程

项目投资决策阶段、项目实施阶段和竣工验收阶段的所有工作。

③ 审计过程的阶段性。由于建设项目建设周期长，建设程序性强，因此审计人员在进行工程审计时，应当根据基本建设程序分阶段地进行审计。

④ 审计职能的特殊性。传统的审计是通过事后财务审计来监督被审计单位的财务活动，以监督为主。而工程审计是以建设职能为主，对建设项目进行全过程审计，以经济性、效益性为主，强调事前、事中和事后审计相结合的全过程跟踪审计，围绕"提前跟进、全程跟踪，立足服务、着眼防范"的思路，将审计的关口前移。其优势在于及时发现资金和项目管理中的漏洞以及存在的苗头性、倾向性的违纪违规问题，并有针对性地提出建议，促进被审计单位完善相关制度，堵塞管理漏洞，防止铺张浪费和出现投资损失，以达到"边审计、边整改、边规范、边提高"的目的。

⑤ 审计方法的灵活性。建设项目建设过程就是知识、组织、管理和技术的集成，在进行工程审计时，既要对建设单位的财务收支、项目资金来源、资金使用情况进行审计，也要根据审计目标，对建设项目工程造价和投资效益等进行审计，还要对建设过程项目管理情况进行审计。因此，工程审计是一项较为复杂的工作。为了实现审计目标，工程审计除了采用传统的审计方法，还应当根据审计目标和审计方案，吸收管理学、计量经济学、工程技术等领域发展的方法，比如价格确定方法、项目评估方法、经济预测方法、工程项目管理方法等技术经济方法，以便更加有效地实施监督。

⑥ 审计目的的确定性。传统的审计着重对被审计单位的财务活动的真实性、合法性、合规性进行审计。而《第 3201 号内部审计实务指南——建设项目审计》第一章规定：建设项目审计的总体目标，是通过对建设项目建设全过程各项技术经济活动进行监督和评价，确认建设项目建设与管理活动的真实性、合法性和效益性，促进项目建设质量、工期、成本等建设目标顺利实现，促进提升项目绩效，增加建设项目价值。

5.1.3 相关法律法规

5.1.3.1 我国工程审计法律规范体系的构成

我国审计法律规范体系由《中华人民共和国宪法》（以下简称《宪法》）、《中华人民共和国审计法》（以下简称《审计法》）、行政法规、部门行政规章和地方性法规五个层次组成。其中《宪法》居审计法律体系的最高层次；《审计法》是审计法律体系中专门性的基本法律；行政法规和部门行政规章是依据《审计法》建立的专门的而且操作性很强的法律规范，是《审计法》一般要求的具体化。

（1）《宪法》

《宪法》是我国的根本大法，其中与审计有直接关系的规定共有七条。这些条款对审计机关的设置、性质、地位、审计监督的范围和内容、审计监督的基本原则等做了明确规定。其中，《宪法》第九十一条规定："国务院设立审计机关，对国务院各部门和地方各级政府的财政收支，对国家的财政金融机构和企业事业组织的财务收支，进行审计监督。审计机关在国务院总理领导下，依照法律规定独立行使审计监督权，不受其他行政机关、社会团体和个人的干涉。"第一百零九条规定："县级以上的地方各级人民政府设立审计机关。地方各级审计机关依照法律规定独立行使审计监督权，对本级人民政府和上一级审计机关负责。"

（2）《审计法》

审计法是由国家制定或认可，并由国家以强制力保证实施、具有普遍约束力、调整审计活动中形成的各种审计关系的法律规范的总称。审计法有广义和狭义之分，广义上的"审计法"是指各种审计法律规范的总和，从性质上看，既包括国家《审计法》，也包括内部审计法和社会审计法。从法律形式的效力层次上看，既包括《宪法》、全国人大及其常委会制定的审计法律，也包括国务院制定的审计行政法规、地方人大及其常委会制定的地方审计法规以及国务院各部门和地方人民政府制定的审计行政规章等。狭义上的"审计法"专指国家审计法律，即1994年8月31日第八届全国人民代表大会常务委员会第九次会议通过，2021年10月23日第十三届全国人民代表大会常务委员会第三十一次会议修订的《中华人民共和国审计法》。《审计法》对我国审计监督制度的内容做了全面、具体的规定，是我国审计工作的基本法。另外，全国人大及其常委会颁布的许多法律中，对与审计监督有关的问题也做了规定，如预算法、会计法、企业法等。

（3）行政法规

行政法规由国务院制定。国务院为了贯彻执行国家法律，解决行政管理工作中存在的具体问题，颁布了大量的行政法规。在审计监督方面，1997年10月21日中华人民共和国国务院令第231号公布、2010年2月2日国务院第100次常务会议修订通过的国务院颁布的《中华人民共和国审计法实施条例》和2014年10月9日国务院发布《国务院关于加强审计工作的意见》，为审计工作提供了重要的依据。

（4）部门行政规章

部门行政规章既包括由审计署制定颁发的业务规章，也包括审计署和其他部门联合发布的行政规章和其他部门自行发布的与审计工作有关的行政规章。目前，我国政府审计的部门规章以《宪法》《审计法》为依据，对《审计法》有关内容予以具体化，形成合理有序、层次分明的规范体系。审计行政规章共分为以下4类：

① 审计准则类规范。这是对审计机关及审计人员应当具备的资格条件和职业要求的规范，是实施审计过程中编制审计方案、收集和使用审计证据、编写工作底稿、评价审计事项、审定审计报告、出具审计意见书和做出审计决定时应当遵循的行为规范。如审计署2010年9月1日颁布、2011年1月1日起施行的《中华人民共和国国家审计准则》，中国建设工程造价管理协会出台的《工程造价咨询单位执业行为准则》、《造价工程师职业道德行为准则》等。

② 审计项目类规范。这是对审计机关开展业务审计的具体规定，包括对财政、金融、行政经费、事业经费、国有工业企业、商品流通行业、国家建设项目的预算执行情况和决算、农业专项资金、社会保障基金、社会捐赠资金、国外贷援款项目、专项审计调查等方面的内容。如审计署于2011年出台的《政府投资项目审计规定》等。其他还有《会计师事务所从事基本建设预算、结算、决算审核暂行办法》等。

③ 审计管理类规范。这是对审计机关在行使审计监督权以及审计行政管理过程中有关事项的规定。

④ 审计督导类规范。这是审计机关对于其他审计行业进行监督和指导方面相关事项的规定。

（5）地方性法规

地方性法规是由省、自治区、直辖市以及较大的市的人民代表大会及其常务委员会制定的规章制度。有关审计方面的地方政府行政规章是由省、自治区、直辖市以及较大的市的人民政府结合本地审计工作的情况制定的在本地区适用的行政规章。如 2009 年 3 月 25 日通过的《河北省国家建设项目审计条例》等。

5.1.3.2 我国政府审计法律规范的效力等级

审计法律规范通过审计法律条文和审计法律规范性文件表现出来，它们之间是一种内容与形式的关系。审计法律规范的效力等级是指审计法律规范外部表现形式的规范性文件的效力等级。根据制定的机关不同和《宪法》及有关组织法的规定，我国政府审计法律规范的效力等级可分为以下几个层次：第一层次是《宪法》，《宪法》中关于审计监督的规定具有最高的法律效力，一切审计方面的法律、行政法规、地方性法规都不得同《宪法》相抵触；第二层次是《审计法》和其他有关工程审计方面的法律，如《中华人民共和国建筑法》《中华人民共和国民法典》《中华人民共和国招标投标法》等，这些法律具有较高的法律效力，一切审计方面的行政法规、地方性法规和行政规章不得同国家法律相抵触；第三层次是审计方面的行政法规，行政法规是由国务院制定的，在全国范围内具有约束力；第四层次是部门行政规章，它在全国范围的某一行业内具有约束力；第五层次是地方性行政法规规章，仅在某一地区范围具有约束力，而且不得同国务院的行政法规相抵触，省级以下地方政府及政府各部门制定的有关审计方面的规范性文件，不得与地方性法规和行政规章相抵触。

5.1.3.3 《第 3201 号内部审计实务指南——建设项目审计》简介

《第 3201 号内部审计实务指南——建设项目审计》由中国内部审计协会发布，共八章，根据《内部审计基本准则》《内部审计人员职业道德规范》及相关法律法规制定而成。适用于各系统、各组织、各单位内部审计机构对自身投资建设项目组织开展的审计，也适用于接受委托的会计师事务所、工程咨询机构等各类中介机构组织或参与的建设项目审计。

该指南共分八章。第一章介绍建设项目审计的要求、目标、内容和程序等；第二章至第八章，分别介绍建设项目各项主要业务与审计内容、程序及方法，包括建设项目投资决策审计、建设项目内部控制和风险管理审计、建设项目采购审计、建设项目工程管理审计、工程造价审计、建设项目财务审计以及建设项目绩效审计等。

需注意的是，《第 3201 号内部审计实务指南——建设项目审计》是由中国内部审计协会发布，并不属于法律法规，仅仅是给各类组织进行建设项目内部审计工作提供工作指南。

5.1.4 工程审计实施方案

5.1.4.1 工程审计的分类

从不同的角度对工程审计加以考察，从而做出不同的分类，有利于加深对工程审计的认识，从而有效地组织工程审计活动，充分发挥审计的积极作用。

5-2 工程审计的分类

（1）按照投资主体划分

随着现代工程融资模式的多样化，建设项目投资主体也逐渐呈现多元化格局。按照投资主体的不同，工程项目审计可分为：

① 国家投资建设项目审计，它主要是对中央政府投资的建设项目进行审计，包括全部或主要由国家财政性资金、国家直接安排的银行贷款资金和国家通借通还的外国政府或国际金融组织及其他资金投资的建设项目。

② 地方政府投资建设项目审计，它主要是对各级地方政府投资的建设项目进行审计，

即对以各省、自治区、直辖市、省级市、县、乡等各级地方政府财政性资金及其他资金投资的建设项目进行审计。

③ 单位投资建设项目审计，它主要是对各单位自己投资的建设项目进行审计，包括企事业单位利用自有资金或自筹资金投资的建设项目。

④ 外商投资建设项目审计，它主要是对外商投资的建设项目进行审计，包括中外合资、中外合作和外商独资投资兴建的建设项目。

⑤ 联合投资建设项目审计，它主要是对多方组成的投资联合体投资兴建的建设项目进行审计。

投资主体不同，工程审计的作用及法律效力也有较大差异。

对政府投资和以政府投资为主的建设项目，审计机关按照法定程序实施审计，实施审计后，依法出具审计报告，在审计报告中对审计工作进行总结和情况反映，依法需要给予处理、处罚的，在法定职权范围内做出审计决定。审计机关依法出具的审计报告、做出的审计决定具有法律约束力，被审计单位和有关部门应当遵照执行。

而对于非国家投资建设项目的审计，从其性质上来说属于内部审计，内部审计的监督职能应该是代表组织最高管理层监督组织内部建设管理人员和员工的行为和效果。

（2）按照工程项目建设过程划分

根据工程项目生命周期理论，工程项目生命周期包括投资决策阶段、项目实施阶段和项目投产使用阶段，与之对应，工程项目审计可分为：

① 工程项目投资决策阶段审计，包括项目可行性研究报告的财务资料以及相关经济数据的咨询服务审计、建设项目法人单位成立的前期相关审计、项目预期盈利审计、项目筹资融资情况审计等。

② 工程项目实施阶段审计，主要包括设计单位、施工单位等项目参加者资信度审计，项目采购工作审计，建设单位、施工单位财政财务收支审计，建设单位、施工单位年度财务会计报表审计，项目资金来源与资金使用审计，建设单位法人经济责任审计，项目资金管理审计，工程概算、预算和决算审计以及各项目参加者工作情况审计等。

③ 工程项目投产使用阶段审计，主要包括项目竣工决算审计、项目经济效益审计、项目经济效益后评估审计、项目经济责任审计、项目投资决策审计、建设项目单位清算审计等。

（3）按照审计活动执行主体的性质划分

按审计活动执行主体的性质分类，工程审计可分为政府审计、独立审计和内部审计三种。

① 政府审计。政府审计是由政府审计机关依法进行的审计，也称为国家审计。我国国家审计机关包括国务院设置的审计署及其派出机构和地方各级人民政府设置的审计厅（局）两个层次。国家审计机关依法独立行使审计监督权，对国务院各部门和地方人民政府、国家财政金融机构、国有企事业单位以及其他以国有资产投资为主的建设项目的预算执行情况和决算，及其经济效益进行审计监督。政府审计具有法律所赋予的履行审计监督职责的强制性。同时，国家审计机关还有要求报送资料权，监督检查权，调查取证权，建议纠正有关规定权，向有关部门通报或向社会公布审计结果权，经济处理权、处罚权，建议给予有关责任人员行政处分权以及一些行政强制措施权等。同时，国家审计机关还可以进行授权审计和委托审计。

② 独立审计。其即由独立的社会审计机构受托有偿进行的审计活动，也称为社会审计。中国注册会计师协会（CICPA）在发布的《独立审计基本准则》中指出：独立审计是指注册会计师依法接受委托，对被审计单位的会计报表及其相关资料进行独立审查并发表审计意见。我国社会审计组织主要承办海外企业、横向联合企业、集体所有制企业、个体企业的建设项目建设行为审计和管理咨询业务；接受国家审计机关、政府其他部门、企业主管部门和企事业单位的委托，进行关于可行性方案研究、项目竣工决算审计等方面的审计工作。

③ 内部审计。内部审计是指由本单位内部专门的审计机构和人员对本单位建设项目实施过程中财务收支和经济活动实施的独立审查和评价，审计结果向本单位主要负责人报告。内部审计组织独立于财会部门之外，直接接受本部门、本单位最高负责人领导，并向他们报告工作。这种审计具有显著的建设性和内向服务性，其目的在于帮助本单位健全内部控制，改善经营管理，提高经济效益。内部审计所涉及的范围广泛，其审计方式也较为灵活。

（4）按工程审计实施时间划分

按审计实施时间相对于被审单位建设行为发生的前后划分，工程审计可分为事前审计、事中审计和事后审计。

① 事前审计。事前审计是指在工程项目正式实施之前进行的审计。这实质上是对计划、预算、预测和决策进行审计，例如，国家审计机关对工程项目批准立项的必要性和可行性、项目财政预算编制的合理性、重大投资项目的可行性等进行的审查；内部审计组织对本单位工程项目建设计划的科学性与经济性、工程合同的完备性进行的评价等。

事前审计是指在经济业务发生之前所进行的审查、评价活动。这种审计的优点是事前明确责任，因而可以防患于未然，减少或杜绝损失、浪费并降低违纪、违法的可能性。开展工程事前审计，有利于建设单位进行科学决策和管理，保证未来工程建设活动的有效性，避免因决策失误而遭受重大损失。

② 事中审计。事中审计是指在工程项目实施过程中进行的审计。例如，对工程项目招标投标过程，工程合同的执行情况，工程项目概算、预算、决算情况，工程项目进展状况等进行审查。通过这种审计能够及时发现和反馈问题，尽早纠正偏差，从而保证工程建设活动按预期目标合法、合理和有效地进行。事中审计的优点是可以随时了解、掌握工程项目建设的进展情况和经济责任的履行情况，可以及时发现问题，及时进行纠正。事中审计的实时性，决定了在开展工程审计时，事中审计方法运用较广。

③ 事后审计。事后审计是指在工程项目竣工验收交付使用之后进行的审计。如对工程竣工验收情况、项目投资财政预算执行情况、项目建设目标的实现情况、工程项目管理绩效状况等进行审计。事后审计的目标是监督工程项目建设过程的合法合规性，鉴证工程建设各种报告报表的真实公允性，评价项目建设的效果和效益状况等。

（5）按审计内容的范围划分

按审计内容的范围分类，可分为全部审计和专项审计。

① 全部审计。全部审计或称全面审计，是指对被审单位一定期间内的财务收支和其他经济活动所进行的全面的审查、评价或证明活动。一般年终的财务审计就属于这类审计。经济责任审计要审查责任履行的各个方面，所以也属于全部审计。

② 专项审计。专项审计或称专题审计、特种审计，是指对特定的审计项目所进行的审查或鉴定活动，与此项目无关的经济业务则一般不进行审查。例如，审查某工程项目在建设过程中是否存在挪用国家下拨的项目建设资金的行为，就仅围绕这一特定项目进行审查，无

关的效益方面的问题就不审查，审查预算外的收支，就不审查预算内的收支情况。

5.1.4.2 工程审计的程序和方法

（1）需要取得的资料

① 批准的建设项目设计任务书（或批准的可行性研究文件）和主管部门的有关规定。

② 初步设计项目一览表。

③ 施工发承包合同，专业分包合同及补充合同，有关材料、设备采购合同。

④ 招投标文件，包括招标答疑文件、投标承诺、中标报价书及其组成内容。

⑤ 各专业管理部门经过审校并签字的设计图纸、文字说明和主要设备材料表。其包括工程竣工图或施工图、施工图会审记录，经批准的施工组织设计以及设计变更、工程洽商和相关会议纪要。

⑥ 当地和主管部门的现行建筑工程和专业安装工程的概算定额（或预算定额、综合预算定额等）、单位估价表、材料及构配件预算价格、工程费用定额和有关费用规定的文件等。

⑦ 现行的有关设备原价及运杂费率，现行的有关其他费用定额、指标和价格等。

⑧ 类似工程的概预算及技术经济指标等。

⑨ 工程预算书。

⑩ 施工监理日志、施工记录。

⑪ 隐蔽工程验收资料、工程量测量和确认资料。

⑫ 经监理、业主单位审核完成的设计变更计量支付证书。

（2）内部控制测评

① 内部控制调查。检查初步设计概算编制依据的合法性。初步设计概算应采用经过国家或授权机关批准的编制依据，且符合国家有关部门规定的时效性与适用范围。检查投资规模、设计标准等是否符合原批准的可行性研究报告或立项批文的标准。

② 内部控制测试。抽查工程施工图预算、工程结算计算书，复核各项工程造价指标、主要材料用量指标计算是否准确，检验工程造价控制过程是否严格。

（3）审计取证

① 初步设计概算及管理情况。检查初步设计概算的编制内容是否完整，是否符合概算编制规定。检查建筑安装工程费用的定额套用、工程量、材料用量和价格、取费标准等是否依据充分。检查总概算中各项综合指标和单项指标与同类工程技术经济指标对比是否合理。

② 施工图预算及管理情况。施工图预算审计主要检查业主单位是否编制施工图预算或类似造价控制文件对工程造价进行控制，相关文件编制程序和方法是否符合有关规范要求，工程量计算规则与计价规则或定额规则是否一致。

③ 合同价款及管理情况。建设工程施工合同包括固定总价合同、可调合同价的合同、成本加酬金合同等多种形式。审计中，一是检查合同价的开口范围是否合适，若实际发生开口部分，应检查其真实性和计取的正确性。二是检查合同价款约定的合法性。三是检查是否将暂定价、暂估价、概算价等约而不定的价款作为合同价款。

④ 工程量清单计价情况。一是检查工程量清单中的分部分项工程量清单、措施项目清单和其他项目清单，以及各子清单内容是否按规定具备准确性和完整性。二是检查招标控制价是否符合国家、省、市工程造价计价的有关规定。三是检查招标控制价中材料暂估价、专业工程暂估价的设置合理性。四是检查工程量清单计价是否符合国家清单计价规范要求的

"四统一"，即统一项目编码、统一项目名称、统一计量单位和统一工程量计算规则。

⑤ 工程结算情况。一是检查工程发承包合同及其补充合同的合法性和有效性。二是检查隐蔽工程等验收记录手续的完整性、合法性和真实性。三是检查前期、中期、后期结算的方式是否能合理地控制工程造价。

⑥ 概预算管理情况。一是检查建设单位是否将经审批的初步设计概算和执行概算（预算）作为动态控制投资的依据，核实超概算金额并分析原因，重点审查有无概算外项目和提高建设标准、扩大建设规模的现象。二是审查弥补资金缺口的资金来源，有无挤占、挪用其他基建资金和专项资金的现象。三是检查概算外增加项目和概算甩项项目的相关批文，核实概算调整的真实性和合法性，包括概算调整的原因、各项调整系数、设计变更和估算增加费用等。

⑦ 提出意见和建议。对审计中发现项目造价控制不严，价款多计、少计或支付管理方面存在问题，审计人员应当进行深入的原因分析，确认项目成本管控体系中存在的薄弱环节，提出有关改进造价管理方面的意见和建议。

5.1.4.3　审计文件的编写

审计文件主要包括审计方案、审计通知书、审计工作底稿和审计报告。下面主要介绍审计方案和审计报告的编写。

（1）审计方案的编写

① 审计方案的概念。审计方案是对具体审计项目的审计程序及其时间等所作出的详细安排。它是保证审计效果的有效措施，也是检查、控制审计工作质量、进度的依据。

审计方案是审计计划的一部分。根据《第3201号内部审计实务指南——建设项目审计》，审计计划一般包括年度审计计划、项目审计计划和审计方案三个层次：年度审计计划是对年度的审计任务所做的事先规划，是组织年度工作计划的重要组成部分；项目审计计划是对具体审计项目实施的全过程所做的综合安排；而审计方案是对具体审计项目的审计程序及其时间等所作出的详细安排。

审计机构可以根据组织的性质、规模、审计业务的复杂程度等因素决定审计计划层次和审计方案内容的繁简程度。

审计方案由审计业务部门编制，由审计项目负责人具体负责，审计方案编写完成后报分管领导批准，并下达到具体承担审计任务的下级审计机构或者审计组实施。

② 审计方案的内容。中华人民共和国审计署6号令第六条规定：审计机关和审计组在实施审计前，应当编制审计工作方案和审计实施方案。

其中工程审计实施方案的内容主要包括：

a. 审计目标；

b. 审计范围；

c. 审计内容、重点及审计措施，包括审计事项和审计应对措施；

d. 审计工作要求，包括项目审计进度安排、审计组内部重要管理事项及职责分工等。

采取跟踪审计方式实施审计的，审计实施方案应当对整个跟踪审计工作做出统筹安排。审计组针对审计事项确定的审计应对措施包括：

a. 评估对内部控制的依赖程度，确定是否及如何测试相关内部控制的有效性；

b. 评估对信息系统的依赖程度，确定是否及如何检查相关信息系统的有效性、安全性；

c. 确定主要审计步骤和方法；

d. 确定审计时间；

e. 确定执行的审计人员；

f. 其他必要措施。

③ 审计实施方案的编写要求。

a. 审计目标。审计目标是通过实施审计或审计调查所要达到的最终目的，它决定着整个审计项目的定位和审计所要发挥的具体监督服务作用，也决定着审计工作重点的选择。一般应当根据审计工作方案的要求，将审计工作方案中的审计工作目标具体化。

确定审计目标时，应当考虑下列因素：

（a）法律、法规、规章的规定及相关政策；

（b）政府、审计机关、有关部门对审计项目的要求；

（c）被审计单位的有关情况；

（d）审计组成员的业务能力、审计经验；

（e）审计的时间和经费预算；

（f）其他需要考虑的因素。

审计目标定位要明确，具有可操作性；同时要保证审计目标的可实现性。对工程审计而言，每个审计项目从不同角度可以确定出若干不同的审计目标，因此，一定要结合审计项目的定位，以及审计人员、审计环境、审计手段、可获得的信息和资料等的现状，选择出符合实际、可以实现、最重要和最直接的审计目标。

b. 重要性水平的确定和审计风险的评估。审计组应当分析被审计单位的有关情况，确定重要性水平和评估审计风险，围绕审计目标确定审计的范围、内容和重点。

审计组应当对被审计单位内部控制进行初步评价，确定是否依赖内部控制。依赖内部控制的，要对内部控制进行符合性测试。在内部控制测评的基础上，对被审计单位财政收支、财务收支的业务活动或者会计报表项目进行实质性测试。不依赖内部控制的，在实施审计时直接对被审计单位财政收支、财务收支的业务活动或者会计报表项目进行实质性测试。

对规模较小或者业务简单的审计项目，可以直接确定实质性测试的范围、内容和重点。

c. 审计实施方案的审计范围。审计实施方案的审计范围是指被审计单位工程项目建设周期内建设行为和有关审计事项。

工程审计范围涉及工程项目整个生命周期，包括投资决策阶段、项目实施阶段和投产运营阶段。具体审计范围由审计机关或单位领导下达，或者根据委托者委托审计事项确定。

d. 审计实施方案的审计内容。审计实施方案的审计内容是指为实现审计目标所需实施的具体审计事项以及所要达到的具体审计目标。

工程项目审计是财务审计与管理审计的融合，其范围包括对工程项目投资立项、设计（勘察）管理、招投标、合同管理、设备和材料采购、工程管理、工程造价、竣工验收、财务管理、后评价等过程的审查和评价。

细化审计内容就是针对每一个具体审计事项确定所要达到的具体审计目标。当一个审计项目涉及单位多、财政财务收支量大、审计事项多且复杂时，应当在实施方案上明确具体的内容、要达到的具体审计目标。审计事项一般可以按照建设单位投资财政收支、工程项目建设业务活动（环节）或者会计报表项目划分。

e. 审计实施方案的审计重点。审计实施方案的审计重点是指对实现审计目标有重要影响的审计事项。

审计组应当对审前调查所取得的资料进行初步分析性复核，关注资料间的异常关系和异常变动，分析被审计单位财政收支、财务收支及其有关的经济活动中可能存在的重要问题和线索，确定审计重点。

f. 确定审计的步骤和方法。对实现审计目标有重要影响的审计事项应当确定审计的步骤和方法。审计步骤和方法应当能够指导审计人员实施审计，实现具体审计目标。

g. 审计组成员及其分工。《中华人民共和国审计法》第十二条规定：审计人员应当具备与其从事的审计工作相适应的专业知识和业务能力。

确定审计组组长、审计组成员及其分工时，应当考虑其专业胜任能力和职业道德水平是否符合有关规定要求。

工程审计组成员应当由工程技术人员、工程造价人员、财务会计人员、技术经济人员和项目管理人员构成。工程技术人员应当熟悉工程项目设计、招标投标、工程施工、竣工验收程序及相应的法律法规，能够胜任工程技术审计工作；工程造价人员胜任工程概算、预算、标底、竣工决算等工程造价指标的编制和审核工作；财务会计人员应当具备建设单位财务会计审计知识；技术经济人员应当熟悉工程经济、投资经济等知识，在工程审计工作中，对投资决策审计、工程项目效益审计等内容负责；项目管理人员一方面要负责工程项目管理审计工作，另一方面要负责整个审计工作的统筹和协调工作。审计人员数量根据项目规模的大小、审计期限及审计内容的复杂程度而定。

工程审计实行审计组长或主审负责制，审计组组长具体负责编制审计实施方案，经审计组所在部门负责人审核，报审计机关分管领导批准，由审计组负责实施。

（2）审计报告的编写

① 审计报告的定义。审计报告是审计小组或审计人员在审计工作结束后，将审计工作任务完成情况和审计工作的结果，向审计机构、委托者或有关部门提交的书面文件。它是记载审计人员实施审计的情况和表达审计意见的书面文件。撰写审计报告是审计工作的最终产品，是审计过程中极为重要的一个环节。

② 审计报告的作用。

a. 审计报告全面地总结了审计过程和结果；

b. 审计报告表明了审计人员的审计意见和建议；

c. 审计报告是审计机关做出审计决定的依据；

d. 审计报告可以起到公证或鉴证的作用；

e. 审计报告有利于被审单位纠错防弊、改善经营；

f. 审计报告是评价审计质量、审计人员工作业绩的重要依据。

③ 审计报告的基本格式。审计报告的基本格式包括：

a. 标题。标题应能反映审计的性质，力求言简意赅，可统一表述为"审计报告"。

b. 收件人。

c. 审计概况（立项依据及背景介绍、上次审计后的整改情况说明、审计目的和范围、审计重点等）。

d. 审计依据。审计依据即实施审计所依据的法律、法规、规章的具体规定。审计报告应声明审计程序是按照审计准则的规定实施审计的。当确实无法按照审计准则要求执行必要的审计程序时，应在审计报告中陈述理由，并对此可能导致的对审计结论和整个审计项目质量的影响做出必要的说明。

e. 审计发现。审计发现是审计人员在对被审计单位的经营活动与内部控制的检查和测试过程中所得到的积极或消极的事实。例如，所发现事实的具体情况；所发现实施应遵循的标准；所发现事实与预定标准的差异；所发现事实已经或可能造成的影响以及所发现事实在现状下产生的原因等。

f. 审计结论。审计结论是审计人员对审计发现所作出的职业判断和评价结果，表明审计人员对被审计单位的经营活动和内部控制所持有的态度和看法。

在做出审计结论时，审计人员应针对本次审计的目的和要求，根据已掌握的证据和已查明的事实，对被审计单位的经营活动和内部控制做出评价。发表审计评价意见应运用审计人员的专业判断，并考虑重要性水平、可接受的审计风险、审计发现问题的数额大小、性质和情节等因素。

g. 审计建议。审计建议是审计人员针对审计发现提出的方案、措施和办法。审计建议可以是对被审计单位经营活动和内部控制存在的缺陷和问题提出的改善和纠正的建议，也可以是对显著经济效益和有效内部控制提出的表彰和奖励的建议。

审计建议可分为以下两种类型：现有系统运行良好，无须改变；现有系统需要全部或局部改变。

h. 附件。审计报告的附件是对审计报告正文进行补充说明的文字和数字材料，其内容包括：相关问题的计算及分析性复核审计过程；审计发现问题的详细说明；被审计单位及被审计责任人的反馈意见；记录审计人员修改意见、明确审计责任、体现审计报告版本的审计清单；需要提供解释和说明的其他内容。

i. 签章。

j. 报告日期。

④ 审计报告的复核。审计机构应当建立审计报告的三级复核制度。由审计项目负责人主持现场全面复核；由审计机构的业务主管主持非现场重点复核；由审计机构负责人主持非现场总体复核。三级复核的分工，可由审计机构自行决定。各级复核的主持人在必要时可以授权他人行使权力，但责任仍由主持人承担。

审计报告复核主要包括形式复核和内容复核。

a. 形式复核。一般包括：

（a）审查审计项目名称是否准确，描述是否恰当；

（b）审查被审计单位的名称和地址是否可靠；

（c）审查审计日期是否准确，审计报告格式是否规范；

（d）审查审计报告收件人是否为适当的发送对象，职位、名称、地址是否正确；

（e）审查审计报告是否表示希望获得被审计单位的回应；

（f）审查审计报告是否需要目录页，目录页的位置是否恰当，页码索引是否前后一致；

（g）审查审计报告中的附件序号与附件的实际编号是否对应；

（h）审查审计报告是否征求被审计单位意见；

（i）审查审计报告的复核手续是否完整。

b. 内容复核。一般包括：

（a）审查背景情况的介绍是否真实，语气是否适当；

（b）审查审计范围和目标是否明确，审计范围是否受限；

（c）审查审计发现的描述是否真实，证据是否充分；

（d）审查签发人是否恰当，签发人与收件人的级别是否相称；

（e）审查参与审计人员的名单是否列示完整，排名是否正确；

（f）审查报告收件人是否恰当，有无遗漏，姓名与职位是否正确；

（g）审查标题的使用是否适当；

（h）审查审计结论的表述是否准确；

（i）审查审计评价的依据的引用是否适当；

（j）审查审计建议是否可行。

5.1.4.4　工程审计人员的素质要求和职业道德规范

（1）工程审计人员的素质要求

随着审计职能的日益完善和审计地位的日益提高，对审计人员的素质提出了新要求。作为审计工作的具体执行者，审计人员素质和水平的高低直接影响着审计工作质量。

审计人员应当具备以下的素质要求。

① 要具备良好的道德素质和职业操守。高度的责任感、强烈的正义之心是审计人员最基本的道德要求。审计一般要揭露、处理一些违法违纪或违规问题，这会导致某些项目利益相关者的不正当的利益因为审计而受损，因此，审计过程中往往会遇到各种阻力和压力。审计人员必须树立正确的世界观、人生观、价值观、权力观、地位观、利益观，具备良好的责任感和使命感；履行职责时，做到独立、客观、正直和勤勉，不从被审计单位获得任何可能有损职业判断的利益，保持应有的职业谨慎，不做任何违反诚信原则的事情，做国家资产和人民利益或顾客利益的忠诚卫士。

② 具备较完备的业务知识。与财务审计相比，工程审计涉及的领域非常广，工程审计人员应当掌握以下业务知识。

a.审计知识。审计人员必须系统掌握审计知识，精通并能熟练地运用审计标准、程序和方法，及时了解和掌握审计方面的政策法规、相关专业知识等，具备运用先进审计方法和手段等方面的能力。

b.财务知识。审计人员要系统掌握财会业务知识，熟悉会计制度和会计准则，精通财会制度和与之有关的法律、法规，能够通过工程项目财务收支和财务结算了解业务轨迹，为工程审计工作提供线索。

c.工程经济知识。工程审计涉及工程项目建设全过程，从项目的前期策划、可行性研究，到工程项目后评价，工程审计人员可通过技术经济分析，确定项目预期目标是否达到，主要效益指标是否实现；查找项目失败的原因，总结经验教训，及时有效地反馈信息，提高未来新项目的管理水平；为项目投入运营中出现的问题提出改进意见和建议，达到提高投资效益的目的。

d.工程项目管理知识。一个工程项目若要取得成功，一个高效、强有力的项目管理至关重要。审计人员应当掌握现代项目管理知识、手段和方法，客观、公正地评价项目活动成绩和失误的主客观原因，比较公正、客观地确定项目决策者、管理者和建设者的工作业绩和存在的问题。

e.工程技术知识。工程建设专业性较强，涉及设计、施工、造价等方面，工程审计人员只有掌握一定的工程技术知识，才能对设计方案是否合理科学、施工方法是否经济可行、工程造价是否准确可靠做出客观公正、实事求是的审计评价。

③ 熟练掌握专业技能。要提高工程审计工作质量，还要求工程审计人员熟练掌握以下专业技能。

a. 高度的职业敏感性。接受审计任务后，通过查阅审计资料、现场考察等手段，凭借审计人员的职业敏感，迅速找到切入点，从蛛丝马迹中发现问题，推动审计工作迅速展开。

b. 敏锐的洞察力。敏锐的洞察力可以帮助工程审计人员找到解决问题的着眼点，以此对审计中出现的问题做出正确判断。

c. 综合判断能力。由于工程建设涉及面较广，因此，审计中发现问题的根源往往也错综复杂，这就需要审计人员对发现的问题进行细致的甄别和分析，分析问题的产生和发展脉络，对审计单位所处的现状有不同程度的研究，能够把握审计所涉及的方方面面，才能在统筹分析的基础上对所掌握的材料进行高度的概括和总结，做到对问题准确地处理，提出有价值的意见和建议。

d. 良好的沟通协调能力。审计机构、人员采用适当方式与组织内外相关机构和人员进行积极有效的沟通，正确处理审计、被审计对象与各有关部门的关系，以保证信息的快捷传递和充分交流。这就需要审计人员具备良好的交流技巧，选择合适的交流方式，与被审计人员心平气和地交换意见，既做到不卑不亢，又不能简单地以监督者自居，要掌握沟通的艺术和技巧。要学会耐心倾听，在倾听中有针对性地采用提问、回应、重述、讨论等方式，确保对问题的全面正确理解；同时，在听的过程中，要勤于思考，以获得更多的有效信息。特别是针对审计查出的问题与被审计单位交换意见、对问题看法有分歧时，必须沉着冷静，讲话有分寸，避免指责性或领导性口吻，以诚相待，尊重事实，以理服人。

e. 良好的文字综合能力。审计工作方案、审计工作底稿、审计调查报告、综合审计报告等是审计成果的载体，反映了审计工作的整体水平和审计人员的业务水平。因此，审计人员应当具备较强的书面表达能力，尽量使用通俗的概念性语言、简明要求，切忌因审计成果专业术语太多、数字堆积、报告太长、文章生涩难懂而造成与被审计对象沟通困难，从而影响审计工作的顺利开展。

（2）工程审计人员的职业道德规范

审计人员的职业道德规范，是为指导审计人员在审计工作中保持独立的地位、公正的态度和约束自己的行为而制定的职业道德规范，包括审计人员的职业品德、职业纪律、职业胜任能力和职业责任。

审计人员的职业道德水准的高低直接影响审计工作的成效。对此，审计署于2001年8月1日专门发布了《审计机关审计人员职业道德准则》（中华人民共和国审计署令第3号），对审计机关审计人员制定了专门的职业道德规范。中国内审协会也于2014年1月1日起正式施行《内部审计人员职业道德规范》（中国内部审计准则第1201号）。中国建设工程造价管理协会也出台了《工程造价咨询单位执业行为准则》、《造价工程师职业道德行为准则》等。

工程审计人员的职业道德主要体现在以下几个方面。

① 守法。审计人员应当依照法律规定、委托合同约定或组织确定的职责、权限和程序，进行审计工作；在开展审计的过程中，严格遵守法律法规、部门规章及审计准则，尊重被审计部门人员，在审计过程中有理、有据、有节，不得采用非法手段获取审计证明，确保审计行为和审计成果的合法性。

② 保持独立性。审计人员在履行职务、执行审计业务、出具审计报告时，应当在实质上和形式上独立于被审计单位，保持应有的独立性，不受其他行政机关、社会团体和个人的干涉。工程审计人员在审计过程中，不得负责或参与被审计部门日常工作和决策，不得参与有可能影响审计公正性的工作及活动，不得以任何方式与被审计项目的各相关方有利益往来。如果审计人员在审计过程中发现自己与被审计单位或者审计事项有以下直接利害关系，应当立即汇报并按照有关规定回避，被审计单位也有权申请审计人员回避。

a. 与被审计单位负责人或者有关主管人员有夫妻关系、直系血亲关系、三代以内旁系血亲或者近姻亲关系；

b. 与被审计单位或者审计事项有经济利益关系；

c. 与被审计单位、审计事项、被审计单位负责人或者有关主管人员有其他可能影响公正执行公务的利害关系。

③ 诚信正直。审计人员办理审计事项，应当坚持原则、客观公正、实事求是、廉洁正直、诚实守信、合理谨慎、恪尽职守。审计人员在执行职务时，应当忠诚老实、廉洁自律，不得利用职权谋取私利，或屈从于外部压力而违反审计原则，如隐瞒或者曲解事实、隐瞒审计发现的问题、进行缺少证据支持的判断或者做出误导性的或含糊的陈述等。在审计过程中应妥善保存报送资料，审计结束后应完整归还报送资料，不得遗失、涂改报送资料。

④ 保持客观性。审计人员应当保持客观公正的立场和态度，以适当、充分的审计证据支持审计结论，实事求是地做出审计评价、处理审计发现的问题；合理运用审计知识、技能和经验，保持职业谨慎，合理运用职业判断，不得对没有证据支持的、事实未经核清的、法律依据不当的和超越审计职责范围的事项发表审计意见。在做出审计评价、提出审计意见时，审计人员应当做到依法办事、实事求是、客观公正，不得偏袒任何一方。

⑤ 保密。工程审计人员应慎重地使用在履行职责过程中所获得的信息，对其执行职务时知悉的国家秘密和被审计单位的商业秘密负有保密的义务。审计人员在执行职务中取得的资料和审计工作记录，非因有效授权、法律规定或其他合法事由不得对外提供和泄露，不得利用其在实施审计业务时获取的信息谋取不正当利益，或者以违反法律法规、组织规定及职业道德的方式使用信息。

⑥ 具备专业胜任能力。工程审计人员应当具备履行职责所需的审计、会计、财务、工程技术、工程估价、投资经济、管理、内部控制、风险管理、法律和信息技术等专业知识，掌握语言文字表达、问题分析、审计技术应用、人际沟通、组织管理等职业技能，具备必要的实践经验及相关职业经历，善于总结实践中的经验教训，不断学习、更新理论知识，以保持和提高工作能力和水平。

5.2 工程项目决策阶段审计

5.2.1 工程项目投资决策的主要工作

项目决策是对项目的预定目标及为实现该目标而产生的有关问题做出的选择和决定。项目决策应贯串项目建设的始终。前期决策所涉及的主要内容包括确定项目建议书和进行可行性研究。

5.2.1.1 确定项目建议书

确定项目建议书是在项目投资机会分析后进行的,在投资机会分析中,投资者已经对发展前景较好、贡献较大、投资效益较高和可行性较大的方案作出了优选。项目建议书作为形成项目构思的设想,是项目生产的萌芽。项目建议书是拟建单位向行政主管部门提交的要求建设某一具体工程项目的建议文件,是对工程项目建设的轮廓构想。其主要目的是为建设项目投资提出建议,在一个确定的地区或部门内,以自然资源和市场预测为基础,选择建设项目。项目建议书的作用是建议一个拟建项目,论证其建设的必要性、建设条件的可行性、建设资源的可获得性和项目建成后获利的可能性,以供审批机关选择是否进行下一步工作。项目建议书经批准后,可进行详细的可行性研究工作。依据项目建议书,进一步对项目进行技术和经济的可行性论证。

项目建议书的内容根据项目的类别而有所不同,一般情况下包括以下内容:

① 项目建设的必要性及相关依据;

② 产品方案、建设规模及关于项目选址的初步设想;

③ 建设资源条件、各参与方协作关系、设备选择、生产条件、供应商选择等的初步分析;

④ 项目投资估算、建设和生产资金筹措、融资方案、还贷方案等初步设想;

⑤ 项目建设和运营进度的初步安排;

⑥ 产品的经济效益和社会效益分析;

⑦ 环境影响初步评价。

5.2.1.2 进行可行性研究

决策阶段的可行性研究是在非常重要的环节,它贯穿决策阶段的全过程。可行性研究是在项目决策之前,通过调查、研究、分析论证与项目有关的工程、技术、经济、管理、法律等方面的条件和可能遇到的实际情况,对可能的多种方案进行比较论证,同时对项目建成后的经济效益进行预测和评价的一种投资决策分析研究和科学分析活动。可行性研究是对基本建设项目在技术上、经济上是否可行所进行的科学分析与论证。

工程建设可行性研究一般分为以下三个阶段:

① 投资机会研究;

② 初步可行性研究;

③ 可行性研究。

工程建设可行性研究的作用包括:

① 为投资项目决策提供依据;

② 为建设项目设计、融资、申请开工建设、建设项目实施、项目评估、科学实验、设备制造以及项目的投产运行提供依据。

工程建设可行性研究的内容包括:

① 市场研究,为项目建设必要性论证提供依据;

② 工艺技术方案的研究,为项目建设的工艺和技术可行性提供依据;

③ 财务和经济分析,为项目建设经济方面的合理性提供依据。

5.2.2 工程项目投资决策审计概述

投资决策审计是指审计机构在某项目投资方案实施之前,依法对该建设项

5-3 投资决策
审计的内涵

目的必要性、技术的可行性、经济上的合规性和预期收益的可实现性进行审核，为最高决策层最终确认或否决该项决策提供依据的经济监督行为。

5.2.2.1 工程项目投资决策审计的内涵

工程项目投资决策审计涉及建设项目工作内容、建设项目技术和经济及管理方面的可行性、建设项目投资规模等问题，是工程审计的关键。

工程项目投资决策审计的内涵包括以下几个要素。

① 决策审计的主体是专职机构和专业人员。专职机构是指国家审计机构、内部审计机构和社会审计机构，专业人员是指与大型工程相关的各领域专家。由于大型项目越来越多，仅采用国家审计难以满足审计需求，需要联合各方审计力量形成一个目标统一、优势互补的有效整体。而在专职机构的基础上，还需聘请来自各个领域的专业人员，通过他们在所在领域的专业技能与知识、经验，为专职机构的审计人员提供咨询与参考，以提高大型工程审计质量。

② 审计关系可以由授权或者委托形成。通常，我国社会审计机构的注册会计师、注册造价师的审计业务是通过接受委托来进行的，而政府审计和内部审计多由上级管理部门或领导授权。而专家群体咨询机构通常也是接受委托和聘请而参与到决策审计中来的。

③ 决策审计的对象是大型工程前期决策活动。工程投资决策活动包括：决策计划、决策环境、决策主体、决策行为、决策方法、决策管理等。这些要素要通过会计、统计、记录等资料反映出来。

④ 审计工作的执行及对审计对象的判断要按照国家法律法规和一定的标准、准则进行。这些法规和标准既是有效控制决策审计工作的依据，也是正确判断审计对象的依据。只有严格遵守这些法规和标准，才能使审计工作顺利、有效地进行，审计结论才能更客观准确，被有关各方接受。

⑤ 决策审计的基本目标是判断其真实性、正确性、合规性、效率性、效果性和公平性等，并做出与之相应的评价鉴证报告。审计主体要通过一系列审计工作，对审计对象的相关资料及相关活动做出判断，并将此判断形成审计结论，以书面报告的形式提交给委托或授权单位。

⑥ 决策审计的直接目标是促进建设主体更好地履行受托责任，这也是审计工作监督职能的体现。通过审计工作发现问题，给出审计意见和建议，管理当局能采取相应措施，社会公众也能得到关于工程的有效信息并跟踪关注，从而促使建设主体更好地履行受托职责。

⑦ 决策审计的最终目标是通过减少决策失误，进而提高决策的科学性。决策的科学性主要体现在两方面：一是防止重大决策失误的出现，二是迅速纠正出现的失误。大型工程决策审计人员不仅仅肩负着监督的职责，而且应该以专家的身份参与决策的全过程，提供咨询意见和建议，减少决策失误，保证决策的科学性。

5.2.2.2 建设项目投资决策审计所依据的法规文件

《国家重点建设项目管理办法》第三条规定：国家重点建设项目的确定，根据国家产业政策、国民经济和社会发展的需要和可能，实行突出重点、量力而行、留有余地、防止资金分散、保证投资落实和资金供应的原则。

《国家重点建设项目管理办法》第四条规定：国家重点建设项目由国务院计划主管部门

和国务院有关主管部门确定。

《国家重点建设项目管理办法》第五条规定：省、自治区、直辖市以及计划单列市的人民政府计划主管部门和国务院有关主管部门，按照本办法第二条规定的范围和第三条规定的原则，对本地区本部门的基本建设项目进行平衡后，每年可以向国务院计划主管部门提出列为国家重点项目的申请。

《关于基本建设程序的若干规定》规定：计划任务书（又称设计任务书），是确定基本建设项目、编制设计文件的主要依据。所有的新建、改建、扩建项目，都要根据国家发展国民经济的常用规划和建设布局，按照项目的隶属关系，由主管部门组织计划、设计等单位，提前编制计划任务书。列入国家长远规划的重点专业化协作和挖潜改造项目，也要编制计划任务书。

《建设项目环境保护管理条例》第六条规定：国家实行建设项目环境影响评价制度。建设项目的环境影响评价工作，由取得相应资格证书的单位承担。

《建设项目环境保护管理条例》还规定：建设单位应当在建设项目可行性研究阶段报批建设项目环境影响报告书、环境影响报告表或环境影响登记表；但是，铁路、交通等建设项目，经有审批权的环境保护行政主管部门同意，可以在初步设计完成前报批建设项目环境影响报告书或环境影响报告表。按照国家有关规定，对于不需要进行可行性研究的建设项目，建设单位应当在建设项目开工前报批建设项目环境影响报告书、环境影响报告表或环境影响登记表；其中，需要办理营业执照的，建设单位应当在办理营业执照前报批建设项目环境影响报告书、环境影响报告表或环境影响登记表。

《建设项目环境保护管理条例》规定：建设项目环境影响报告书、环境影响报告表或环境影响登记表，由建设单位报有审批权的环境保护行政主管部门审批；建设项目有行业主管部门的，其建设项目环境影响报告书或环境影响报告表应当经行业主管部门预审后，报有审批权的环境保护行政主管部门审批。环境保护行政主管部门应当自收到建设项目环境影响报告书起60日内、收到环境影响报告表30日内、收到环境影响登记表15日内，分别做出审批决定并书面通知建设单位。对于预算、审核、审批各阶段的建设项目环境影响报告书、环境影响报告表或者环境影响登记表，不得收取任何费用。

《财政违法行为处罚处分条例》第九条规定：单位和个人有下列违反国家有关投资建设项目规定的行为之一的，责令改正，调整有关会计账目，追回被截留、挪用、骗取的国家建设资金，核减或者停止拨付工程投资。对单位给予警告或者通报批评，其直接负责的主管人员和其他直接责任人员属于国家公务员的，给予记大过处分；情节较重的，给予降级或者撤职处分；情节严重的，给予开除处分。

① 截留、挪用国家建设资金。
② 以虚报、冒领、关联交易等手段骗取国家建设资金。
③ 违反规定超概算投资。
④ 虚列投资完成额。
⑤ 其他违反国家投资建设项目有关规定的行为。

《中华人民共和国审计法》第二十三条规定：审计机关对政府投资和以政府投资为主的建设项目的预算执行情况和决算，对其他关系国家利益和公共利益的重大公共工程项目的资金管理使用和建设运营情况，进行审计监督。

《财政性基本建设资金投资项目工程预、决算审查操作规程》第四条规定：参与项目前期论证，重点了解项目建议书、可行性研究报告、初步设计等资料，对项目可行性提出意见。

5.2.2.3 投资决策审计的分类

（1）按项目建设实施过程划分

按项目建设实施过程，项目投资决策审计可分为：

① 前期决策审计。主要是对项目建议书、可行性研究和评估报告进行审查。

② 中期决策审计。主要侧重对决策实施方案的执行情况进行监督。

③ 后期评价审计。重点评价决策质量，总结经验。

（2）按固定资产投资审计的范围划分

按固定资产投资审计的范围，项目投资决策审计可分为：

① 基本建设投资审计。

② 技术改造投资审计。

③ 其他投资审计。

（3）按审计的专业特征划分

按审计的专业特征，项目投资决策审计可分为：

① 投资建设技术审计。投资建设技术审计主要是对项目实施方案、建设单位及其他项目参加者在工程项目建设过程中的建设行为的合规合法情况及工作效率进行审计。

② 财务审计。财务审计是指检查建设项目资金筹措方案、资金使用计划等情况，并判断其是否真实、正确和合规合法的一种审计，旨在纠正错误、防止舞弊。

③ 经济审计。经济审计是指对被审计建设项目投资活动的合理性、经济性、有效性进行监督、评价和鉴证，提出改进建议，促进其提高资金管理效益的监督活动。

④ 管理审计。管理审计是对投资决策机制、投资决策动力机制、投资决策控制机制和投资责任机制等进行审计，并对投资决策的效果提出意见，以促使决策者完善管理工作制度、提高投资经济效益。

（4）按审计的对象划分

按审计的对象，投资决策审计可分为：

① 对决策主体的审计。对决策主体的审计，首先是对决策权力使用方面的审计，其次是审计决策主体的能力。

② 对决策依据的审计。决策依据是影响决策质量的一个至关重要的因素，必须对决策依据（主要包括项目建议书、可行性研究报告等）的真实性、可靠性、系统性、全面性、适应性等做出合理有效的评审分析。

③ 对决策程序的审计。决策程序的民主性、合规性是决策科学化、制度化的保证。审计决策程序的民主性主要看决策程序是否遵守民主集中原则。审计决策程序的合规性主要审查决策主体是否按工作流程进行决策，审计工程项目的立项、可行性研究、项目评估等是否符合规定和要求。

④ 对决策方案的审计。工程投资决策阶段形成的决策方案是编制设计任务书、确定项目质量要求和投资效益等目标的纲领性文件。因此，加强对决策方案的审计，是客观公正地评价决策质量，促进决策责任落实的必要手段。对决策方案的审计主要是从以下几个方面进行的：技术可行性和适应性，投资估算和资金筹措，预计收益，风险防范。

5.2.3　工程项目投资决策审计的程序和方法

5.2.3.1　工程项目投资决策审计程序

工程项目投资决策审计主要审查前期决策程序、可行性研究报告、投资决策等文件是否完整、合规。

① 工程项目投资决策程序的合规性审计。首先，通过收集项目法人在项目决策阶段的各项审批核准报备文件，审计投资决策程序是否完整；其次，审计建设项目投资决策程序是否符合项目的建设要求，是否与项目的建设程序一致；最后，审计可行性研究报告编制的各部分内容是否符合可行性研究编制程序及要求。

② 对可行性研究报告的合规性审查。重点审查有无项目建议书、有无可行性研究报告，以及承担可行性研究的单位是否具备相应的资格、研究人员的构成是否满足需要等。

③ 对可行性研究报告的合理性审查。重点审查可行性研究报告内容和深度是否满足项目建议书的要求、是否能够满足项目审批机关投资决策及编制设计任务书的要求、是否明确回答项目在经济和技术上的可行性，以及确定的设计方案和估算的投资、成本、利润是否达到合理的精确度。

④ 项目完成后，将实际数据与审计前期决策可行性研究报告中测算的各项建设项目效益指标、数据进行比较，查明项目建设是否达到预期目标。

⑤ 审计建设资金筹集计划、审批文件、贷款合同和资金实际到位情况，查明是否存在资金来源不合法、不合规，资金筹集成本费用不合理、不经济问题。

工程项目投资决策审计程序应与工程项目投资决策程序相适应，工程项目投资决策审计程序如图5-1所示。

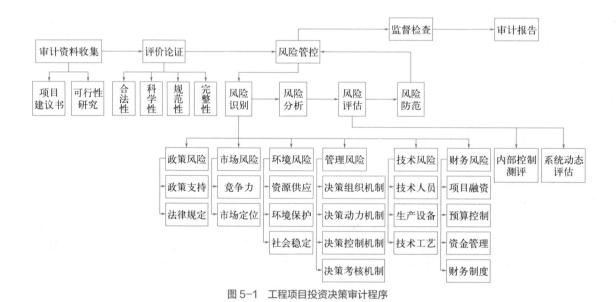

图 5-1　工程项目投资决策审计程序

5.2.3.2　工程项目投资决策审计方法

开展决策审计可以有两种主要方法：由内部审计人员完成；借助于外部审计力量实施。外部审计力量对投资决策的审计主要是对决策的程序合规性进行审计，表现在查文件、看批文等。在实施建设项目审计时，与外部审计相比，内部审计的一个最大优势是能够进行跟踪审计，随时掌握第一手资料，通过全过程跟踪审计起到完善决策程序的作用。

国际内部审计师协会（ⅡA）颁发的《内部审计实务标准》规定：

内部审计是一项独立客观的咨询活动，以增强价值、促进单位经营为基本指导思想。它通过系统化、规范化方法，评价和提高单位风险控制和治理程序的效果，帮助完成其目标；通过内部审计师建立的执业机构，促进专业技能的提升，并发挥其优势。

从这个定义中可以看出，内部审计机构的核心目标是帮助组织增加价值，而开展前期决策审计，更好地体现了增加价值的精神。故此，由内部审计机构履行前期决策审计的任务与国际内部审计潮流相吻合。充分利用内部审计成果，发挥内外审计的协作功能，将会使前期决策审计可行且有效。

多年来，我国三大审计主体（国家审计、社会审计和内部审计）各自为战，一方面，可能会出现一个项目被多家审计的情况，另一方面又不断出现重大项目无人问津的情况。另外，不同的审计主体对项目审计关注的重点不同也导致了一个项目的审计标准混乱等一系列问题。例如：社会审计组织更关心造价审计，所以，它们的审计业务围绕着决算审计展开，造价的核减额成了评价审计成果的主要标准；内部审计大多由单位领导交办，可能导致蜻蜓点水般的例行公事，未能发挥应该发挥的作用；国家审计则把焦点放在财政财务收支审计方面。在审计资源十分匮乏的情况下，必须改变这种各自为战的局面，在共同的审计目标下，整合审计资源，明确分工，使建设项目审计能够在互补的基础上完成前期决策审计任务。

工程项目审计的关键是建设项目投资决策审计。由于种种原因，在实际操作中投资项目决策的审计还是一个很薄弱的环节，甚至被排斥在审计范围之外。内部审计在审计的时间上可以保持与建设工作同步进行，在审计过程中直接获取第一手资料；另外，内审部门作为建设单位的一部分，其对项目的建设环节和技术管理方法都比较熟悉，所以在项目前期决策审计时，应以内部审计为主，外部审计依赖内部审计的结果。审计的核心内容是着重检查可行性研究报告中所用基础数据是否真实、计算方法是否正确、参考依据是否合理、有无虚假分析的行为。通过审计，及时指出论证过程中存在的问题并向建设单位领导报告，由领导决定是否采纳。

5.2.4 工程项目投资决策审计的内容

5.2.4.1 对决策主体的审计

对决策主体的审计，首先是对决策权力使用方面的审计。在进行决策审计时，要考察决策主体是否依法行使决策权力，是否有合理、完善的决策制度，是否有有效的权力制衡和约束机制，是否存在决策管理的盲区和漏洞等。

5-4 投资决策审计的内容

其次是审计决策主体的能力。决策能力缺失或不足，通常会导致重大的决策失误，造成巨大损失，因此对决策主体的能力进行审计是十分必要的。由于建设项目的复杂性和综合性，决策者往往会召集多方专家来进行决策，通过专家的协助，完成对建设项目技术、经济、生态等多方面的调研与论证。这些专家的专业方向应与工程自身的行业相关。因此在对决策主体进行审计时，要注意查看决策主体是否具备相应的决策能力，专家的数量、资质等是否符合需求，专家的专业方向是否与工程相符，专家在相关领域是否具有丰富的经验，专家在以往参与的工程中有无重大失误，专家在进行可行性研究论证时是否保持了独立性和专业性等。

如果可行性研究报告是委托咨询单位编制的，还应当审计可行性研究报告的编制与审批单位的资质及级别的合规性。按照我国有关部门的规定要求，编制可行性研究报告的单位必须是经各部、各省（区、市）和各有关部门批准的工程咨询机构和设计院所，必须有合法的营业执照和资质证书。甲级设计单位或咨询机构，可以在全国范围内承揽大中型项目的可行性研究报告的编制任务；乙级设计单位或工程咨询机构可以在地方或行业范围内承揽中小型项目的可行性研究报告的编制任务。大中型建设项目的可行性研究报告，由主管部门负责评审，报审计署审批；特大型项目的可行性研究报告，由审计署会同各主管部门评审，报国务院批准。审计过程中若建设项目可行性研究报告的编批单位不符合规定的标准或不具备资格，则应要求建设单位重新报批，否则不得进行后续工作。

5.2.4.2 对决策依据的审计

决策依据是影响决策质量至关重要的一个因素。一些工程决策出现重大失误，审查起来有很多原因，但最重要的原因之一就是决策依据不充分、不齐全、信息有误，或者对未来发展变化预计不足等。因此，审计主体需要督促被审计单位做好资料收集、整理、筛选、加工、传递等工作，同时通过跟踪审计，及时地、全过程地介入决策活动，以获取更全面、更有效的决策依据信息。

工程投资决策最重要的决策依据是该工程的可行性研究。可行性研究是在工程投资决策之前，对工程相关的各个方面进行深入、细致的调查和研究，开展全面、系统的技术经济分析和论证，对工程建成后的成果效益进行科学合理的预测和评价，从而对建设工程进行合理选择的一种重要方法。可行性研究对工程建设的必要性和可行性、技术的适用性、效用的有效性进行了综合评价，是工程决策的重要依据。可行性研究是工程决策的重要环节，对工程决策具有直接的决定性的影响，深入细致的可行性研究工作可以为决策提供真实可靠的依据。因此，可行性研究是决策审计的重点，必须加大审计力度。

审计大型工程项目决策依据的真实可靠性，可以从以下两方面展开：

① 审计该工程的可行性研究报告的编制是否合规，是否达到规定的深度要求，内容是否真实完整。根据国家对建设项目和投资项目可行性研究的管理要求，各部门制定了有关管理办法，对可行性研究报告的内容和深度进行了规定。审计人员在进行审计时，可以将被审计工程项目的可行性研究报告与有关规定进行对照，判断报告内容的完整性、合规性和报告深度的符合性等。

② 审计可行性研究过程是否严密、扎实，是否经过实地调查；审计项目场地、规模、建设方案等是否经过多方案比较选优；审计各项数据是否齐全，可信程度如何；运用经济评价、效益分析考核指标对投资估算和预计效益进行复核、分析、测评，看是否进行了动态和静态分析、财务分析、效益分析，重大项目是否进行了国民经济评价；审计可行性报告审批情况是否合规、完整，审计建设规模和市场需求预测的准确性；审计厂址及建设条件；审计建设项目工艺和技术方案；审计交通运输环境条件是否有保证并从长远规划角度考虑；审计环境保护的措施。

可行性研究是否科学合理，重点在于财务评价。财务评价是指在财务数据估算的基础上，从企业和项目的角度出发，根据现行财务制度和价款，对项目财务可行性所进行的分析和评价。财务评价的内容包括：财务盈利能力（投产后产生的利润和税金）；清偿能力（财务、债务清偿）；财务外汇平衡能力。财务评价的基本程序为：估算财务数据，具体包括总投资额业收入、销售税金及附加、利润及利润的分配；编制财务报表，具体包括编制资产负债表、现金流量表、利润表等主要报表和固定资产投资估算表、投资计划与资金筹措表、总成本费用估算表等辅助报表；计算财务指标，具体包括静态指标（投资回收期、投资利润率、投资利税率、资本金利润率）和动态指标（财务净现值、财务内部收益率、动态投资回收期等）；提出财务评价结论，看项目是否可行。

5.2.4.3　对决策程序的审计

项目前期决策程序的合规性审计中，首先，通过收集项目法人在项目决策阶段的各项审批核准报备文件，审计投资决策程序是否完整；其次，审计建设项目投资决策程序是否符合项目的建设要求，是否与项目的建设程序相一致；最后，审计可行性研究报告编制的各部分内容是否符合可行性研究编制程序及要求。对可行性研究报告的合规性审查中，重点审查有无项目建议书、有无可行性研究报告以及承担可行性研究的单位是否具备相应的资格、研究人员的构成是否满足需要等。对可行性研究报告的合理性审查中，重点审查可行性研究报告内容和深度是否满足项目建议书的要求、是否能够满足项目审批机关投资决策及编制设计任务书的要求、是否明确回答项目在经济和技术上的可行性，以及确定的设计方案和估算的投资、成本、利润是否达到合理的精确度。

5.2.4.4　对决策方案的审计

投资决策阶段形成的决策方案是编制设计任务书、确定项目质量要求和投资效益等目标的纲领性文件。因此，加强对决策方案的审计，是客观公正地评价决策质量，促进决策责任落实的必要手段。对决策方案的审计，主要是从以下几个方面进行的：技术可行性和适应性；投资估算和资金筹措；预计收益；风险防范。

对于大型工程项目通常需要根据项目的实际情况，运用合适的先进技术手段，有时甚至已有技术不能满足需求，还需通过技术创新来实现，因此审计决策方案的技术可行性和适应性是十分必要的。它主要审查现有的或可实现的技术能否满足该工程需求，是否有比目前选定的更合适的技术手段，专家是否能提供严密可行的实施计划和说明等。

投资估算和资金筹措的审计，主要是审查建设资金安排是否合理，估算和概算内容是否完整、合理，指标选用是否合理、全面，资金来源渠道是否正常，资金来源与用途安排是否长短匹配，是否具备贷款还款能力，投资回收期是否正确，各种测算是否科学、合理，结论是否正确等。

对预测收益进行审计，可以采用经济评价、效益分析考核指标对其进行复核、分析、测评，审查其分析方法是否正确、齐全，进行预测所依据的历史数据来源是否真实可靠，预测方法是否正确，预测是否科学合理，投资效果的经济评价结论是否正确、完整、科学，并审查预测收益的可实现性等。

对决策方案的风险防范审计也是必需的。大型工程项目的环境具有开放性、动态性，并且由于系统的"涌现"等，稍有不慎即有可能酿成大祸，因此必须对方案的风险防范进行审计。

5.2.4.5　建设项目后评价审计

建设项目后评价审计是在建设项目交付使用、经过试运行后，对项目从准备、决策、设计、实施、试生产直至达产后全过程有关经济指标和技术指标是否达到预期目标的评价的审计。其审计目标是对后评价工作的全面性、可靠性和有效性进行审查。

后评价审计内容包括：检查后评价组成人员的专业结构、技术素质和业务水平的合理性；检查所使用技术经济指标的全面性和适当性；检查主要指标完成情况的真实性、效益性；检查建设项目法人履行经济责任后评价的真实性；检查所使用后评价方法的适当性和先进性；检查后评价结果的全面性、可靠性和有效性。

5.2.4.6　建设项目环境审计

环境审计是相关审计机构（政府审计机关、民间审计组织、企业内部审计部门）对被审计单位的与环境事项相关的业绩管理情况、资金使用情况、设备运行情况以及管理的成果所进行的一种监督、评价、鉴证活动，通过这种评价可以帮助被审计单位找出在环境管理中存在的不足，督促其加强管理，从而达到保护环境的目的。环境审计是一种持续、独立的监督行为，可以通过对被审计单位环境事项相关财务状况的真实性、合规性、效益性的鉴证和评价，对被审计单位的生产经营活动进行有效的监督和管理，评价其环境责任的履行情况，以改善、抑制和消除存在的环境问题。

环境审计在内容上主要包括以下四部分：

（1）环境合规性审计

环境合规性审计主要是审查建设项目环境影响评价过程是否科学合理、合法合规，项目自身制定的环境保护制度与措施是否符合相关的环境保护法律法规。

（2）环境影响评价审计

环境影响评价（environmental impact assessment，EIA）简称环评，是指对规划和建设项目实施后可能造成的环境影响进行调查、分析、预测和评估，提出预防或者减轻不良环境影响的对策和措施，并进行跟踪监测的活动，即分析项目建成投产后可能对环境产生的影响，并提出污染防治对策和措施。环境影响评价工作主要是以国家及地方执行的法律法规、项目所在区域相关规划和污染物排放标准等为依据，从项目策划开始阶段的每一个环节对项目提出有效、可行的环境保护的建议及污染防治对策，从而达到社会效益、经济效益和环境效益和谐统一的目的，为环境管理部门和投资方提供决策依据。项目的环境影响评价工作一般是在项目的可行性研究阶段进行，主要是从环保角度对项目的选址、施工期、运营期等的可行性进行充分的论证。环境影响评价是一种预测性的工作，强调在制订如规划、计划、政策或拟建项目等有关经济开发活动的时候，要对可能造成的环境影响进行评价。实施环境影响评价，是为了控制人类活动对环境的损害，促进项目及规划的合理性和科学性。

（3）环境保护资金财务审计

建设项目环境保护资金主要是指在建设项目投资计划中列支的用于保护自然资源，减少和治理环境污染，防止环境恶化的资金。审计部门要加强对环境保护资金使用情况的审查，主要对资金进行监督。环境保护资金审计的重点在于审计建设单位是否制定合理的环境保护措施、制定的环境保护预算是否科学、相关环境保护资金的拨付是否及时到位、资金来源渠道是否符合相关法律规定。在对环境保护资金进行审计时，审计人员应该关注环境保护资金支出的性质。

（4）环境绩效审计

环境绩效审计是指审计机构对环保资金使用产生的效果以及环境工程产生的经济效益、环境效益和社会效益进行审计。随着环境审计工作不断地开展，环境审计技术和方法不断更新和提升，环境审计工作的重点已经从传统的环保资金财务审计以及合规性审计转向绩效审计。环境绩效审计关注的是环保工作产生的效益，而这种效益包含的内容比较广泛，可以是经济效益、社会效益，也可以是环境效益、政治效益。环境绩效审计在审计时间上跨度比较大，因为要衡量一项环境工程产生的效益可能需要成年累月的时间，因此需要环境审计人员进行持续的跟踪审计。

5.2.4.7 建设项目社会稳定风险评估审计

社会稳定风险评估简称稳评，是指与人民群众利益密切相关的重大决策、重要政策、重大改革措施、重大工程建设项目，以及与社会公共秩序相关的重大活动等重大事项在制定出台、组织实施或审批审核前，对可能影响社会稳定的因素开展系统的调查，以及科学地预测、分析和评估，制定风险应对策略和预案，有效规避、预防、控制重大事项实施过程中可能产生的社会稳定风险，更好地确保重大事项顺利实施。

对建设项目社会稳定风险评估进行审计，主要审查评估报告是否严格执行了环保项目建设的有关规定；审查是否存在较大的社会治安问题，混乱地区是否得到有效整治；审查是否存在可能引发群体性事件的苗头性、倾向性问题；审查是否存在其他影响社会稳定的隐患；审查风险程度和范围是否可控；审查化解矛盾问题的对策、措施是否完善；审查是否有相应的预警措施和应急处置预案。

5-5 投资阶段审计案例分析

📖 技能训练

一、填空题

1. 建设项目审计的目的包括_____、_____、_____。

2. 按照工程项目建设过程划分，工程项目审计可分为_____、_____、_____。

3. 按工程审计实施时间划分，工程审计可分为_____、_____、_____。

4. 按照审计活动执行主体的性质划分，工程审计可分为_____、_____、_____。

二、名词解释

工程审计、工程项目投资决策审计

三、简答题

1. 工程项目投资决策审计的内容有哪些？

2. 可行性研究审计的重点是什么？

3. 决策方案的审计包含哪些方面？

模块六

工程项目实施阶段审计

 知识目标

- 熟悉勘察设计审计的内容和程序。
- 掌握工程项目招投标审计的程序和内容。
- 掌握工程项目各类合同审计的内容。
- 掌握工程项目造价审计的内容。

 技能目标

- 能够进行工程项目招投标审计。
- 能够进行工程项目合同审计。
- 能够进行工程项目造价审计。

 素质目标

- 具有高度的责任感和正义感,自觉遵章守纪、廉洁自律、恪尽职守。
- 具备较强的数据分析和处理能力,能够提取和分析工程项目的相关数据,为审计工作提供依据。
- 具有良好的沟通和团队合作能力,做到合情合理、有理有据、不偏不倚,达到控制造价与自我发展的目的。

引例

　　某水厂项目采用 EPC 总承包，原合同总价包死，但合同在结算条款中约定如果概算调整，结算将相应调整，但未具体约定如何调整。在结算时，建设单位按照二次概算批复的金额调整结算，但是其中有一个问题是：在招标时，总承包单位并不是依据第一次批复的概算内容进行投标，如果按照两次概算的差异直接调整结算，势必造成结算的不合理。该项目在最后结算过程中造成很大的分歧和争议。所以在签订合同阶段，必须认真审核结算条款，对合同结算的各个细节都要考虑清楚。

6.1　工程项目勘察设计审计

6.1.1　工程项目勘察设计审计概述

　　工程项目勘察设计是指根据建设项目的要求，对工程项目所需的技术、经济、资源、环境等条件进行综合分析、论证，编制建设项目勘察设计文件的活动。从工程项目管理的角度来讲，勘察设计阶段的管理，其核心任务仍是进行项目投资、进度、质量三大目标的控制，以保障工程项目安全、可靠，提高其适用性和经济性。国内外对项目实施阶段节约投资的潜力研究表明，勘察设计阶段节约投资的潜力均在 10% 以上，设计准备阶段可达 95%。设计的进度不能按计划完成、设计不便于施工等，都直接影响到整个项目的投资、进度和质量目标的实现。因此，对建设项目勘察设计阶段的有效控制是实现建设工程项目管理目标的有力保障。

　　工程项目勘察设计审计是工程审计的重要内容，对节约建设资金、避免损失浪费都具有十分重要的意义。设计概算是衡量建设单位项目管理水平高低、投资效益大小的重要指标，因此，对工程项目特别是国有资金投资项目概算的审计也是工程审计的重点。

　　（1）工程项目勘察设计审计的目标

　　勘察设计管理审计是指对项目建设过程中勘察、设计环节各项管理工作质量及绩效进行的审查和评价。审查和评价勘察、设计环节的内部控制及风险管理的适当性、合法性和有效性，勘察、设计资料依据的充分性和可靠性，委托勘察设计、初步设计、施工图设计等各项管理活动的真实性、合法性和效益性。

　　工程项目勘察设计审计主要包括：审计建设项目勘察、设计的质量是否符合设计规范以及项目使用的要求，是否符合适用、经济、美观的设计原则，重点审计建设项目勘察、设计文件的内容是否齐全，是否经过有关部门的审核；审计勘察、设计的内容是否符合批准的投资计划的要求，建设标准与建设规模是否突破了投资计划的内容、标准；审计勘察、设计单位的选定过程是否合法、合规，勘察、设计单位的资质和级别是否符合项目建设规模的要求；审计建设项目勘察、设计收费是否合理。

　　（2）工程项目勘察设计审计的依据

　　工程项目勘察设计审计应主要依据以下资料：

　　①委托设计（勘察）管理制度；

　　②经批准的可行性研究报告及估算；

③ 设计所需的气象资料、水文资料、地质资料、技术方案、建设条件批准文件、设计界面划分文件、能源介质管网资料、环保资料概算编制原则、计价依据等基础资料;

④ 勘察和设计招标资料;

⑤ 勘察和设计合同;

⑥ 初步设计审查及批准制度;

⑦ 初步设计审查会议纪要等相关文件;

⑧ 组织管理部门与勘察、设计商往来文件;

⑨ 经批准的初步设计文件及概算;

⑩ 修正概算审批制度;

⑪ 施工图设计管理制度;

⑫ 施工图交底和会审会议纪要;

⑬ 经会审的施工图设计文件及施工图预算;

⑭ 设计变更管理制度及变更文件;

⑮ 设计资料管理制度等。

(3)工程项目勘察设计审计的程序

① 明确建设项目勘察设计审计的目的,制定审计程序。

建设项目勘察设计审计的目的是确定勘察设计的合规性、可行性和合理性。建设项目勘察设计的程序包括:收集与建设工程项目勘察设计有关的资料、调查勘察设计过程和综合评价勘察设计总体情况。在审计过程中审计人员要准确把握建设项目审计目的,并根据审计总体计划和所了解的勘察设计的情况确定建设项目勘察设计的审计程序。对审计执行情况应做好记录,以便在今后的工作中进行查询。

② 准备资料。

建设工程项目审计人员应注意收集与勘察设计有关的各种资料,对收集的相关资料进行整理和分类,编制建设项目勘察设计审计的资料清单。资料的整理和分类可根据建设项目勘察设计资料来源进行划分。

③ 审计建设项目勘察设计执行程序。

审查建设项目的类型及建设项目勘察、设计工作的发承包方式是否符合国家有关法律法规的规定,审查项目勘察单位资质是否符合项目建设要求,审查设计单位资质是否符合项目建设要求,审查设计人员的执业资格是否符合项目建设要求。

④ 审计建设项目勘察设计执行过程。

审查勘察和设计成果深度是否达到项目建设需要,审查勘察和设计成果技术是否先进,审查勘察和设计成果经济性是否符合项目建设要求。

(4)工程项目勘察设计审计的主要内容

① 行政性审查。

a. 审查勘察设计单位是否具备与被审查项目相适应的资质等级和范围;

6-1 勘察设计审计的内容

b. 审查施工图设计文件是否按规定由具备执业资格的人员签字、盖章,规定所要求的其他签字、盖章手续是否齐全,设计人员是否为该单位备案人员;

c. 审查项目是否按规定履行了方案设计招投标、初步设计等审批手续,各相关部门的审批资料是否齐全,包括项目立项批件、建设规划许可证、建筑工程消防设计审核意见书和节能、安评、环评的批准文件等;

d. 审查甲乙双方所签订的勘察设计合同在价格、设计周期等方面是否符合国家规定，以及合同的履行是否正常等；

e. 审查法律、法规、规章规定的其他审查内容。

② 技术性审查。

a. 审查建（构）筑物的稳定性、安全性审查，包括地基基础和主体结构是否安全、可靠；

b. 审查是否符合抗震、消防、节能、环保、防雷、卫生、人防、无障碍设计等方面的国家有关强制性标准、规范和所在省的有关规定；

c. 审查法律、法规、规章规定的其他审查内容。

③ 勘察设计合同管理的审计。

a. 检查是否建立、健全委托勘察设计的内部控制，检查其执行是否有效。

b. 检查委托勘察设计的范围是否符合已报经批准的可行性研究报告的要求。

c. 检查是否选用招投标方式来选择勘察设计单位及其有关单位的资质是否合法、合规；检查招投标程序是否合法、公开，其结果是否真实、公正，有无因选择勘察设计单位失误而导致的委托风险。

d. 检查组织管理部门是否及时组织技术交流，其所提供的基础资料是否准确、及时。

e. 检查勘察设计合同的内容是否合法、合规，其中是否明确规定双方的权利与义务以及针对设计商的激励条款。

f. 检查勘察设计合同的履行情况、索赔和反索赔是否符合合同的有关规定。

g. 审查勘察设计单位分包情况。通过查阅勘察设计单位财务资料，审查是否存在向协作单位支付勘察设计费的情况。若支付其他单位勘察设计费，查阅相关合同和发票，分析该单位是否为分包单位。也可以查阅设计单位内业资料，审查内业资料中的签字人员是否为该单位人员，分析该勘察设计工作是否被分包。如果确认勘察设计单位被分包，首先审查分包行为是否合规，是否经过建设单位同意，并审查分包单位资质和人员资质是否符合要求。

④ 审查勘察设计文件编制情况。

审计人员要求相关单位提供以下与勘察设计文件编制相关的资料：

a. 建设单位提供项目批准文件，城市规划、工程建设强制性标准等。

b. 勘察设计单位提供的勘察设计文件、勘察设计文件审查会议纪要、勘察设计修改文件等。

勘察设计文件编制情况审查主要从以下几个方面进行：

a. 审查勘察设计文件审批情况。通过查阅勘察设计审批文件、勘察设计文件，以及国家对于项目审批权限的管理制度，分析是否存在越权审批勘察设计文件的问题，同时对勘察设计文件的审查过程进行复核，审查勘察设计文件审查过程是否符合规定，审查会议中提出的问题是否得到整改。

b. 审查勘察设计文件编制的规范合规性。查看勘察设计文件编制办法，对比审批后的勘察设计文件，分析勘察设计文件是否与规定体例一致、内容是否完备、描述是否准确，具体包括：设计规模是否与设计任务书一致，有无夹带项目、超规模等问题；设计深度能否满足技术、经济等各方面的要求；设计文件所选择的工艺、设备是否先进、合理、经济，设计是否符合安全、适用、美观的原则等，通过复核性测试，查看荷载计算是否准确，设计的标准规范是否符合国家关于编制、审核的规定。

（5）勘察设计审计不同阶段的审计内容

勘察设计审计在不同阶段，审计的内容也不尽相同。具体内容如下：

① 委托设计（勘察）管理的审计。

a. 检查是否建立、健全委托设计（勘察）的内部控制，检查其执行是否有效。

b. 检查委托设计（勘察）的范围是否符合已报经批准的可行性研究报告的要求。

c. 检查是否选用招投标方式来选择设计（勘察）商及其有关单位的资质是否合法、合规；检查招投标程序是否合法、公开，其结果是否真实、公正，有无选择设计（勘察）商失误而导致的委托风险。

d. 检查组织管理部门是否及时组织技术交流，其所提供的基础资料是否准确、及时。

e. 检查设计（勘察）合同的内容是否合法、合规，其中是否明确规定双方的权利与义务以及针对设计商的激励条款。

f. 检查设计（勘察）合同的履行情况，索赔和反索赔是否符合合同的有关规定。

② 初步设计（方案设计）的审计

a. 行政性审查。初步设计（方案设计）阶段行政性审查主要包括：

● 检查是否建立、健全初步设计审查和批准的内部控制，检查其执行是否有效；

● 检查是否及时对国内外初步设计进行协调；

● 检查初步设计完成的时间及其对建设进度的影响；

● 检查是否及时对初步设计进行审查，并进行多种方案的比较和选择；

● 检查报经批准的初步设计方案和概算是否符合经批准的可行性研究报告及估算要求；

● 检查初步设计方案及概算的修改情况；

● 检查初步设计深度是否符合规定，有无设计深度不足而造成投资失控的风险；

● 检查概算及修正概算的编制依据是否有效、内容是否完整、数据是否准确；

● 检查修正概算审批制度的执行是否有效；

● 检查是否采取限额设计、方案优化等控制工程造价的措施，限额设计是否与类似工程进行比较和优化论证，是否采用价值工程等分析方法；

● 检查初步设计文件是否规范、完整。

b. 技术性审查。

（a）总平面设计方面，重点审查以下内容：图面是否标明指北针；建筑用地是否满足退红线的要求；各指标是否满足建筑用地规划许可证的要求，包括总占地面积、总建筑面积、容积率、覆盖率、建筑高度、各分项建筑面积等；建筑设计是否满足朝向、通风、景观、视线、间距的要求；流向设计是否合理，包括人流、车流等；道路设计是否合理；景观设计、环境设计是否合适；各空间设计是否合适；是否满足均好性的要求；总体设计是否有创意；是否满足各规范的要求；是否满足甲方要求等。

（b）平面图设计方面，重点审查以下内容：图面是否标明指北针；尺寸标注是否完整，包括总尺寸、轴线尺寸、标高标注等；功能设计方面包括各空间面积配比关系是否合适，各空间平面关系是否合理，流线是否通畅，朝向、视线、景观是否满足要求，门的大小是否满足各功能空间的要求，门的选型是否合适等，窗的大小是否满足各功能空间对采光、通风的要求，开启扇是否合理、美观，窗的选型是否合适，空调位设计是否满足功能、经济要求，留洞高度是否符合功能要求，阳台面积大小、标高设计是否满足功能要求，卫生间面积大小、标高设计是否满足功能要求，厨房面积大小、标高设计是否满足功能要求；屋面设计是否满足功能要求，构架设计是否合适；交通空间面积是否满足功能要求，流线是否合理；设计是否满足各规范要求；是否有创意；能否反映甲方意图等。

（c）立面图设计方面，重点审查以下内容：尺寸标注是否完整，包括总尺寸、层高尺寸、标高等；立面各元素表达是否准确；立面整体效果如何，是否有新意，能否反映甲方意图；材质、色彩选择是否合适；门的尺寸、式样等是否美观；窗的尺寸、式样、分格形式等是否美观、合理，开启扇是否满足功能、美观要求；空调高度，空调板、罩设计是否满足美观要求；阳台栏杆式样、阳台造型是否满足功能、美观要求；屋面构架造型是否满足经济、美观要求；各元素标高是否表达准确；天线设计效果如何；设计是否满足各规范要求等。

（d）剖面图设计方面，重点审查以下内容：尺寸标注是否完整，包括总尺寸、层高尺寸、门窗尺寸、标高尺寸；剖面各元素表达是否准确；各元素标高表达是否准确；门洞高度是否满足功能要求；窗台高度是否合适，窗洞尺寸是否满足功能要求，窗台是否设计护栏，护栏高度是否满足要求；空调高度是否满足要求；阳台栏杆高度是否满足要求；卫生间标高设计是否准确，是否有降板设计；厨房标高设计是否准确，是否有降板设计；是否满足各规范要求；设计能否满足甲方要求等。

（e）其他方面：是否达到设计合同的要求；是否达到国家对方案设计深度的要求。

③建筑施工图设计的审计。

a.行政性审查。施工图设计阶段行政性审查主要包括：

● 检查是否建立、健全施工图设计的内部控制，检查其执行是否有效；

● 检查施工图设计完成的时间及其对建设进度的影响，有无设计图纸延迟而导致的进度风险；

● 检查施工图设计深度是否符合规定，有无设计深度不足而造成投资失控的风险；

● 检查施工图交底、施工图会审的情况以及施工图会审后的修改情况；

● 检查施工图设计的内容及施工图预算是否符合经批准的初步设计方案、概算及标准要求；

● 检查施工图预算的编制依据是否有效、内容是否完整、数据是否准确；

● 检查施工图设计文件是否规范、完整；

● 检查设计商提供的现场服务是否全面、及时，是否存在影响工程进度和质量的风险。

b.技术性审查。

（a）总平面设计方面，重点审查以下内容：图面是否标明指北针；建筑用地是否满足退红线的要求；各指标是否满足建筑用地规划许可证的要求，包括总占地面积、总建筑面积、容积率、覆盖率、建筑高度、各分项建筑面积等；建筑设计是否满足朝向、通风、景观、视线、间距的要求；流向设计是否合理，包括人流、车流等；道路设计是否合理；景观设计、环境设计是否合适；各空间设计是否合适；是否满足均好性的要求；是否满足各规范的要求；设计是否反映方案设计特点；方案设计是否合理、可行；是否满足甲方要求等。

（b）平面图设计方面，重点审查以下内容：图面是否标明指北针；尺寸标注是否完整，包括总尺寸、轴线尺寸、细部尺寸、标高标注等；功能设计方面包括各空间面积配比关系是否合适，各空间平面关系是否合理，流线是否通畅，朝向、视线、景观是否满足要求，门的大小是否满足各功能空间的要求，门的选型是否合适等，窗的大小是否满足各功能空间对采光、通风的要求，开启扇是否合理、美观，窗的选型是否合适，空调位设计是否满足功能、经济要求，留洞高度、空调板设计是否满足要求，阳台面积大小、排水、标高设计是否满足功能要求，卫生间面积大小、排水、标高设计是否满足功能要求，厨房面积大小、排水、标高设计是否满足功能要求；屋面设计是否满足功能要求，构架设计是否合适；交通空间面积是否满足功能要求、流线是否合理，消火栓位置是否合适，设备管井及门的设计是否合适；各空间标高设计是否准确无误；大样图设计是否准确；设计是否满足各规范要求；设计是否反映方案设计特点；设计方案是否合理、可行；能否反映甲方意图等。

（c）立面图设计方面，重点审查以下内容：尺寸标注是否完整，包括总尺寸、层高尺寸、门窗尺寸、标高等；立面各元素表达是否准确；立面整体效果如何，能否反映方案特点及满足甲方要求；方案设计是否合理、可行；材质、色彩选择是否合适；门的尺寸、式样是否美观；窗的尺寸、式样、分格形式是否美观、合理，开启扇是否满足功能、美观要求；空调高度，空调板、罩设计是否满足美观要求；阳台栏杆式样、阳台造型是否满足功能、美观要求；屋面构架造型是否满足经济、美观要求；各管线设计是否影响立面效果；各元素标高是否表达准确；天线设计是否优美、新颖，设计是否反映方案设计特点；设计是否满足各规范要求等。

（d）剖面图设计方面，重点审查以下内容：尺寸标注是否完整，包括总尺寸、层高尺寸、门窗尺寸、标高尺寸；剖面各元素表达是否准确；各元素标高表达是否准确；门洞高度是否满足功能要求；窗台高度是否合适，窗洞尺寸是否满足功能要求，窗台是否设计护栏，护栏高度是否满足要求；空调高度是否满足要求；阳台栏杆高度是否满足要求；卫生间标高设计是否准确，是否有降板设计；厨房标高设计是否准确，是否有降板设计；是否满足各规范要求；设计是否反映方案设计特点；方案设计是否合理、可行；设计能否满足甲方要求等。

（e）其他方面：是否达到设计合同的要求；是否达到国家对施工图设计深度的要求。

④ 结构施工图设计的审计。

结构施工图设计技术性审查主要包括：

◆ 对结构选型及基础和设计基本条件的确认。

◆ 设计漏项和深度审查，包括：核查设计范围，确认是否有漏项；设计深度确认；人防部分深度确认。

◆ 计算书确认审查。

◆ 工种协调审查。

◆ 设计过程中的管理，包括专题例会、确定设计控制要点、中间检查、图纸校审检查、图纸会签检查等。

6.1.2 工程项目勘察设计审计的主要方法

工程项目勘察设计的审计包括勘察设计文件的合理性和合规性审查。审计人员应了解建设工程类型、建设工程特点和建设单位对建设工程勘察设计的特定要求，了解国家关于建设工程勘察设计方面的各项规定，了解建设工程勘察设计文件编制的要求，了解设计任务书内容和勘察设计合同的相关条款的约定。勘察设计审计主要内容有：

① 审查初步设计与批准的可行性研究报告的一致性。可行性研究报告是初步设计的主要依据，在审查过程中主要关注初步设计是否按照可行性研究报告中确定的建设项目的规模、标准、技术方案等进行，如果初步设计不符合主要指标，则可认定初步设计不合格。

② 审查初步设计的合规性。初步设计编制的程序和内容必须符合国家有关规定。

③ 审查初步设计的合理性。初步设计作为设计过程的首要环节，对建设工程投资和项

目的成功度会造成极大影响，需要对初步设计中项目的规划布局、环节保护和配套条件等进行重点审查，对发现的不合理支出应及时进行调整。

设计管理审计主要采用分析性复核法、复算法、文字描述法、现场核查法等方法。

分析性复核法主要是通过对设计文件的分析复查，检查设计文件是否规范、完整，是否符合经批准的可行性研究报告的要求等。

复算法主要是通过计算检查设计概算是否符合投资估算要求，施工图预算是否符合经批准的概算要求等。

文字描述法主要是通过文字描述检查施工图设计文件是否规范、完整，勘察、设计资料依据的充分性和可靠性等。

现场核查法主要是检查设计单位是否建立、健全勘察设计的内部控制工作制度，各项管理活动的真实性、合法性和效益性。

设计审计采用的方法如表 6-1 所示。

表 6-1　设计审计的方法及内容

审计对象	审计方法	审计内容	审计目的
设计内控制度	穿行测试、现场核查法	制度体系	检查制度体系是否完善，制度是否可行
设计合同、工程进度	对比法	设计进度、设计深度	检查设计进度控制情况
设计图纸、设计成果	重点抽样、复算法	可行性、经济性、严谨性	检查工程设计经济性，是否可控制工程成本
	文字描述法、分析复核法	设计文件内容、设计依据	检查内容是否规范、完整，设计依据是否充分、可靠
设计变更、工程洽商、现场签证	调查分析	设计是否存在缺陷、漏洞	检查设计是否存在问题，导致工程成本增加
工程现场	现场观测	设计图纸符合性	检查设计是否符合工程现场情况及工程进度

6.2　工程项目招投标审计

招标投标是市场经济的一种交易方式，通常用于大宗的商品交易。其特点是由唯一的买主（或卖主）设定标的，招请若干卖主（或买主）通过报价进行竞争，从中选择优胜者与之达成交易协议，随后按协议实现标的。招标投标工作是工程项目的建设程序之一，其工作质量好坏直接影响到项目的投资效益，因此加强工程项目招标投标的审计工作就显得十分必要。

6-2　工程项目招投标审计

6.2.1　工程项目招投标审计概述

① 工程项目招投标审计的概念。招投标审计是指对建设工程项目的勘察设计、施工、监理、咨询、物资采购及大件运输方面的招标和工程发承包的质量及绩效进行的审查和评价。

② 工程项目招投标审计的目标。它主要包括：审查和评价招投标环节的内部控制及风

险管理的适当性、合法性和有效性，招投标资料依据的充分性和可靠性，招投标程序及其结果的真实性、合法性和公正性，以及工程发包的合法性和有效性等。

③ 工程项目招投标审计的范围，包括工程勘察设计、监理、设备及材料采购、施工、服务等招投标环节以及招投标工作全过程。

④ 工程项目招投标审计主要采用观察法、询问法、分析性复核法、文字描述法、现场核查法等方法。

6.2.2 工程项目招投标审计主要依据

工程项目招投标审计应主要依据以下资料：

① 招投标相关法律法规，如《中华人民共和国招标投标法》《工程建设项目招标范围和规模标准规定》《工程建设项目施工招标投标办法》《评标委员会和评标方法暂行规定》《工程建设项目货物招标投标办法》《工程建设项目勘察设计招标投标办法》等。

② 招标公告、资格预审文件、评标细则、招标文件、招标答疑文件、标底文件等。

③ 投标保函、投标人资质证明文件、投标文件、投标澄清文件等。

④ 开标记录、开标签证文件、评标记录、评标报告、定标记录等。

⑤ 中标通知书等。

6.2.3 工程项目招投标审计的程序

工程项目招投标审计一般遵循以下程序：

（1）了解和收集与工程项目招投标有关的资料

在审计工作前，审计人员应多方面了解和收集各种与该工程项目招投标审计有关的资料、文件。

（2）调查、了解工程项目招投标情况

审计人员就招标单位是否具备招标的资格、招标工作过程是否合法、合同是否规范等进行检查、审核，并加以记录。

（3）综合评价工程项目招投标的总体情况

审计人员根据以上所收集到的资料和在审计过程中所记录下的事项对招投标单位在招投标活动中的行为是否合法、合规，是否遵守了公开、公平、公正的原则以及是否按照诚信原则组织招投标活动进行判断，并出具审计意见。

6.2.4 工程项目招投标审计的内容

（1）工程项目报建的审计

对工程项目报建的审计主要是审查项目是否经有关部门的批准、报建时所提交的文件资料是否全面、报建的内容是否符合规定等内容。

审计人员应该对项目在报建时交验的文件资料进行复核，以检查项目的报建文件资料是否全面、报建人是否有舞弊的行为。文件资料包括：

① 工程项目建议书批准文件；

② 可行性研究报告批准文件；

③ 初步设计批准文件；

④ 资金证明；

⑤ 项目法人成立的批准文件；

⑥ 投资方案协议书；

⑦ 有关土地使用权的批准文件；

⑧ 施工准备阶段建设内容和工作计划报告；

⑨ 项目法人组织结构和主要人员情况表。

此外，审计人员还应该检查报建工程项目的内容是否完整，是否包括工程名称、建设地点、投资规模、资金来源、当年投资额、工程规模、发包方式、计划开工与竣工的日期、工程筹建情况等。

该环节，审计人员应该重点审计工程规模、工程范围和资金证明三个方面的内容。

① 工程规模。如果工程规模达到一定的标准，那么就应该进行招标。审计人员应该对各个不同的单项招标合同进行审计，检查合同的价格是不是达到了规定应该招标的金额。如果达到了规定应该进行招标的规模而没有招标，除非情形特殊（如该项目的技术是保密的，或者项目的建设涉及了国家机密等），否则，工程项目的负责人则有可能进行舞弊。

② 工程范围。审计人员向建设单位核算工程性质，如果工程的性质属于以下范围的，就应该进行招标：

a. 关系社会公共利益、公共安全的工程建设项目。

b. 使用国有资金投资或者国家融资的工程建设项目。

c. 使用国际组织或者外国政府贷款、援助资金的工程建设项目。

③ 资金证明。向报建单位开户的银行发出询证函，确定报建单位是否为该项目开设了专门的账户并真实足额地存入了项目建设所需的资金，必要时还要了解该笔资金的来源和后续使用情况。

同时，为了防止报建单位蒙蔽上级领导虚报建设项目，以骗取上级的拨款，在必要的时候审计人员还应该到报建单位所指明的建设所在地进行实地考察。

（2）建设单位资质的审计

建设单位资质，是指建设单位具备的与从事招标工作有关的条件（即项目的建设单位有资格进行自行招标）以及相应的民事行为能力。

审计人员应该重点审查建设单位是否具有自行招标的资格，能不能对工程进行准确的设计。审计人员一般应审核以下事项：

① 项目法人营业执照、法人证书或者项目法人组建文件。

② 与招标项目相适应的专业技术力量情况。

③ 是否具有编制招标文件和组织评标的能力。

④ 是否设有招标机构或具有三名以上的专职招标业务人员。

⑤ 以往编制的同类工程项目的中标文件和评标报告，以及招标业绩的证明材料。

由于建设单位可以选择委托招标，且任何单位和个人都不得强制其委托招标代理机构办理招标事宜，故审计人员还应对代理招标单位是否具有代理招标的资格进行审计。在审计招标代理单位是否具有相应资格的时候，要注意审查以下两点：

① 是否拥有从事招标代理业务的营业场所和相应资金。

② 是否拥有能够编制招标文件和组织评标的相应专业力量。

此外，还应对该代理机构的行政隶属关系和其他利益关系进行检查。

（3）招标申请的审计

对招标申请的审计主要是审核招标申请文件所包括的内容是否全面，是否符合工程项目招标的条件，所采用的招标方式是否合法。

审计人员应审核招标单位的招标申请是否已经得到招标管理机构的批准且已具有相应批文，还应检查招标申请是否包括了工程名称、建设地点、招标建设规模、结构类型、招标范围、招标方式、要求施工企业的等级、施工前期准备情况、招标机构组织情况等内容。

审计人员应审核建设单位是否具备进行招标工作的相关条件，例如：①项目的建设是否已经确定或得到批准；②项目所需资金是否落实，相关资料是否已经收集完毕，项目是否已经列入年度计划内；③建设单位是否具有满足招标要求的设计文件，是否已与设计单位签订适应施工进度要求的图纸交付合同或协议；④有关工程项目永久征地、临时征地和移民搬迁的实施、安置工作是否已经落实。

（4）资格预审文件、招标文件的审计

① 资格预审文件审计。在进行投标工作之前，招标单位应该对潜在的投标人进行资格审查。招标人也可以不进行资格预审，而在招标工作结束后对投标人进行资格后审。

资格预审文件的审计主要内容包括：资格预审公告内容是否完整，申请人资格要求是否符合有关规定；资格预审文件内容的完整性、相关资质要求的合理性；资格预审程序的合法性和合规性。

② 招标文件审计。招标文件审计的主要内容包括：

a. 审计施工招标工程的审批手续是否完成、资金来源是否落实。

b. 审计招标公告或投标邀请书的内容是否完整。

c. 审计设计文件及其他技术资料是否满足招标要求。

d. 审计招标文件的内容是否合法、合规，是否全面、准确地表述招标项目的实际情况与招标人的实质性要求，内容是否完整。

e. 审计工期、质量要求是否合理，技术标准和要求是否清晰、合理。

f. 审计招标的时间、澄清时间、投标有效期是否符合相关要求。

g. 审计投标保证金、履约担保的方式、数额及时间是否符合有关规定。

h. 审计评标办法的选用是否合理，评分标准是否先进合理，评委的组成是否满足有关规定。

i. 审计招标程序的合理性、合法性，评标、定标工作的公正性、公平性。

j. 审计施工招标文件的计价要求、合同主要条款。

（5）工程量清单的审计

工程量清单是表现拟建项目的分部分项工程项目、措施项目、其他项目、规费项目和税金项目的名称及相应数量等的明细清单。它是招标人或招标代理单位依据招标文件及施工图纸和技术资料，依照《建设工程工程量清单计价规范》（GB 50500—2013）的工程量计算规则和统一的施工项目划分规定，将实施招标的工程建设项目实物工程量和技术性措施以统一的计量单位列出的清单，是招标文件的组成部分。

工程量清单审计要点包括：

① 审计封面格式及相关盖章是否符合《建设工程工程量清单计价规范》的要求。

② 审计总说明应填写的内容是否完整、合规。

③ 审计分部分项工程量清单是否根据《建设工程工程量清单计价规范》有关规定、招标文件及图纸的要求进行编制，清单项目是否完整；审计清单工程量计算是否准确，项目特

征描述是否完整清楚，不应出现漏项、错项、错算等情况；审计清单项目编码有无重复；审计补充项目的编制是否符合规范要求，是否附上了补充项目的名称、项目特征、计量单位、工程量计算规则和工作内容。

④ 审计以"项"为单位的措施项目是否列入了措施项目清单与计价审查对比表（一），可以按分部分项工程量清单方式进行编制的措施项目是否按分部分项工程量清单的编制方式进行编制，是否已列入措施项目清单与计价审查对比表（二）；根据招标文件、图纸及现场情况，审计所列措施项目是否完整，所采用的施工方法是否得当，规范中没有的措施项目是否进行了补充，不应出现漏项；审计措施项目清单与计价审查对比表（二）中的措施项目清单工程量是否计算准确，项目特征描述是否完整清楚，项目编码是否重复。

⑤ 根据拟建项目的具体情况，审计暂列金额设定是否合理，有无超出规范中规定的计取比例；审计暂估价设立的项目是否合理，暂估价格是否符合市场行情，暂估价格的类型是否正确，有无出现与分部分项工程量清单重复的现象；审计计日工设立的类型是否全面，给定的暂定数量是否合理；审计总承包服务费中包含的工作内容是否齐全。

⑥ 审核规费及税金项目是否按国家相关规定进行列项。

（6）招标控制价的审计

招标控制价是在工程采用招标发包的过程中，招标人根据国家或省级、行业建设主管部门颁发的有关计价依据和办法，以及招标人发布的工程量清单，对招标工程限定的最高工程造价。

招标控制价应由具有编制能力的招标人，或其委托具有相应资质的工程造价咨询人编制。招标控制价编制时要求编制人根据消耗量定额、造价信息及市场行情和拟采用的施工组织设计对工程量清单项目逐项进行计价。招标控制价应包括清单所列项目的全部费用，包括分部分项工程费、措施项目费、其他项目费、规费、税金，共五项内容。

对招标控制价的审计的主要内容：

① 分部分项清单费用的审计。

a. 审计综合单价是否参照现行消耗定额进行组价，计费是否完整，取费费率是否按国家或省级、行业建设主管部门对工程造价计价中的费用或费用标准执行，综合单价中是否考虑了投标人承担的风险费用。

b. 审计定额工程量计算是否准确，若人工、材料、机械消耗量与定额不一致，是否按定额规定进行了调整。

c. 审计人工、材料、设备单价是否按工程造价管理机构发布的工程造价信息及市场信息价格进入综合单价，对于造价信息价格严重偏离市场价格的材料、设备，是否进行了价格处理；审计招标文件中提供暂估单价的材料，是否按暂估的单价进入综合单价，暂估价是否在工程量清单计价表中单列，并计算了总额。

d. 审计工程量是否按工程量清单提供的清单工程量进行计算。

e. 审计综合单价分析是否按清单计价规范中规定的表格形式，是否清楚，是否充分满足以后调价的需要。

f. 审计综合单价与数量的乘积是否与合价一致。

g. 审计各分项金额合计是否与总计一致。

② 通用措施项目清单费用应根据相关计价规定、工程具体情况及企业实力进行计算，对通用措施项目清单未列的但实际会发生的措施项目应进行补充；通用措施项目清单中相关

措施项目应齐全，计算基础、费率应清晰。

专业措施项目清单费用应根据专业措施项目清单数量进行计价，具体综合单价的组价按分部分项工程量清单费用的组价原则进行计算，并提供工程量清单综合单价分析表，综合单价分析表格式、内容与分部分项工程量清单一致。

③其他项目清单费用。

a.审计暂列金额是否按工程量清单给定的金额进行计价，根据招标文件及工程量清单的要求，应注意此部分费用是否应计算规费和税金。

b.审计专业暂估价格是否按招标工程量清单给定的价格进行计价，是否计取了规费和税金。

c.审计计日工是否按工程量清单给予的数量进行计价，计日工单价是否为综合单价。

d.审计总承包服务费是否按招标文件及工程量清单的要求，结合自身实力对发包人发包专业工程和发包人供应材料计取总包服务费，计取的基数是否准确，费率有无突破相关规定。

e.审计规费、税金是否严格按政府规定的费率计算，计算基数是否准确。

f.审计汇总后的招标控制价是否控制在批准的概算范围内，如超出原概算，招标人应将其报原概算审批部门审核。

g.招标控制价封面应有招标控制价的大写与小写，同时招标人、工程造价咨询人及法定代表人或授权人应盖章和签字，同时具有相关资质的编制人和复核人应签字和盖资质专用章。

h.做好复核工作。完成预算编审工作之后，为了检验成果的可行性，必须采用类比法，即利用工程所在地的类似工程的技术经济指标进行分析比较，进行可行性判断。若差距过大，应寻找原因，若设计错误，应予纠正。

（7）招标公告或招标邀请书发布的审计

对招标公告或招标邀请书发布进行审计，主要是审查招标人是否在指定的媒体上发布了招标公告或者是否向足够数量的投标人发出了招标邀请书。

如果招标人采用的是公开招标，审计人员只要审查招标人所发布的招标信息的媒体是不是国家发展和改革委员会指定的，该媒体上有没有招标人发布的招标信息即可。审计人员还应审查招标公告的内容，以确定其是否有限制潜在投标人数量的项目条款。

如果招标人采用邀请招标，则审计人员首先应该审查一下投标人的数量，并向投标人进行询问，以确定招标人提供的信息是否真实。同时，审计人员还应该结合对投标人资格的审计来确定招标人和投标人之间是否存在利益关系，是否有互相串通损害国家利益的行为。

（8）招标文件的发出或出售的审计

对招标文件的发出或出售进行审计，主要是审核招标文件的内容是否真实完整以及招标文件售价的合理性。

在对招标文件进行审计时，审计人员应该向招标单位索要其编制的招标文件或招标文件的复印件，仔细阅读文件中的各个项目的语句表达是否清楚，有没有歧义，招标人所要表达的内容是否真实完整地写入了招标文件中。如果有不明确或有能够产生歧义的条款，审计人员应该提醒招标人及时予以改正，更改通知书应在提交投标文件截止时间至少15日前以书面形式及时通知各投标人。

因此，审计人员还应检查招标人是否在规定的时间内发出了更改通知书。如果招标人没有在规定的时间之前发出更改通知书，那么就有可能在有意限制投标人的数量。

（9）投标人资格的审计

对投标人资格的审计，主要是确定投标人是否有相应的资格来承接招标的项目。

对投标人资格的审计主要包括以下内容：

① 投标人概况。审计人员应核实有关该企业的主要经营范围、注册资本、企业资质等情况，并通过分析投标人近三年的经过注册会计师审计的并出具审计报告的财务报表，判断投标人是否有足够的财力（特别是流动资产）来完成他所承揽的任务。

② 经验与信誉。审计人员应核实投标单位以往所承揽工程的概况、业绩与信誉，尤其是应向原业主咨询投标人以往工作表现的情况。

③ 投标单位的技术力量和施工装备。审计人员应审核投标单位的高级管理人员（包括高级工程师、经济师、会计师、监理师）的素质、学历以及以往所参加过的工程的业绩情况，同时可以实地检查投标人是否真正拥有所承揽的工程应配备的机械设备。

（10）投标报价的审计

投标报价是投标人投标时报出的工程造价。投标报价审计包括以下内容：

对投标报价的审计一般应包括错漏项分析，算术性错误分析，不平衡报价分析，明显差异单价的合理性分析，措施费用分析，安全文明措施费用、规费、税金等不可竞争费用的分析。错漏项分析是要审核投标人是否按招标人提供的工程量清单填报价格，填写的项目编码、项目名称、项目特征、计量单位、工程量是否与招标人提供的一致。算术性错误分析是要核对总计与合计、合计与小计、小计与单项之间等数据关系是否正确。不平衡报价分析是要核查、分析在总价一定的情况下，有无采取不合理单价造成报价数据结构扭曲的现象。明显差异单价的合理性分析是要检查投标报价中的综合单价是否存在低于个别成本或超额利润的情况。安全文明措施费用、规费、税金等费用分析是检查投标报价中的该类费用的合理性及是否符合有关强制性规定。

（11）开标的审计

开标审查主要关注的是它的公正性和公开性。只有在特殊的情况下开标才可以采用非公开的方式。如建设工程项目涉及国家安全、国家机密，否则，开标应采用公开方式。主要审查开标的程序是否符合相关法规的规定；检查招标人的招标组织工作是否得力，应参加开标会的有关方面代表是否全部到场，特别是公证人员或检察部门代表是否到场；检查委托的招标代理机构是否合法有效，投标企业是否具备合法的资质，各种证件是否真实；检查投标文件是否按保密要求存放；检查是否按规定要求唱标、记录。

（12）评标审查

评标工作是由评标委员会负责的，所以评标的审计就是审查评标委员会工作的合法性和公平性。

在实施审计时，首先，审计人员应注意评标委员会成员的身份和人数，调查该专家是否真正地参加了评标工作，向专家所在的单位询问专家的资格，以及调查其过去的工作经历、家庭成员的组成等情况。其次，如果审计人员获准可以参与评标的工作，审计人员还应该注意审查评标委员会的工作内容和工作程序。

（13）中标审查

中标审查的重点在于确定中标人的产生是否公平、合法。当招标人确定的中标人与评标委员会推荐的中标候选人顺序不一致时，审计人员应该要求招标单位陈述选择该中标单位的原因。审计人员还应该检查招标人是否及时地将中标的消息通知了中标人和其他的投标人。

 【案例6-1】

某审计小组在对某工程项目招标投标情况进行审计时，发现以下问题：

本次招标投标中同时有几家投标单位的标书被认为出现了重大偏差，基本原因相同：招标控制价中列出了暂列金额110万元，并说明是按分部分项清单费用的2%计取的，结果这几家投标单位在报价时更改了暂列金额的数值，分别按自己报价中的分部分项费用重新计算了此费用。本工程随招标文件一起发放的工程量清单、招标控制价中也存在许多问题，如工程项目漏项、工程量不实、计价定额套错、费用计算不合理等。

【分析】对此，审计人员提出如下审计意见：

① 本次评标时认定这几家投标单位出现重大偏差是正确的。根据《建设工程工程量清单计价规范》的规定，暂列金额是招标人包含在合同价款中的一笔暂定款项，在招投标时属于不可竞争费用，结算时根据工程实际情况调整。在招标人提供的招标控制价中说明暂列金额是按分部分项清单费用的2%计取，表明了招标控制价中暂列金额110万元的计算方法，并不意味着让投标人照此法重新计算暂列金额，更不表明暂列金额可以变成可竞争费用参与报价。因此，这是各投标人对工程量清单计价理解错误。评标委员会将不可竞争性费用的改变评为重大偏差是对的。

② 关于工程量清单、招标控制价中的问题，根据《建设工程工程量清单计价规范》的规定，招标工程量清单作为招标文件的组成部分，其准确性和完整性应由招标人负责，招标工程量清单是工程量清单计价的基础，是编制招标控制价、投标报价、计算或调整工程量、索赔等的依据之一。投标人可对招标控制价进行复核，但大多数投标人对其中有利于投标人的错误一般是不会提出来的。如果是招标投标的跟踪审计，如果能在发放招标文件时发现这些问题，则审计人员可建议对错误进行及时修正，如果是在开标时发现的话，则审计人员应将正确的招标控制价报送给评标委员会，供其在评标时参考；若本工程是在招标投标过程结束之后进行审计的，则审计人员无权纠正招标控制价，无权更改合同价，无论其他问题对评标结果有无影响，审计人员都只能揭示相关问题，并向有关部门汇报。

6.3 工程项目合同审计

在建筑工程项目承包合同中，往往会因种种原因出现各种问题，为减少工程承包合同签订过程中可能带来的损失，审计人员应对合同进行必要的审计。合同管理审计包括合同管理制度、专项合同通用内容、勘察设计合同、施工合同、监理合同、合同变更、合同履行、合同终止等方面。

6.3.1 工程项目合同审计的概述

① 合同管理审计的概念，是指对项目建设过程中各专项合同内容及各项管理工作质量

及绩效进行的审查和评价。

② 合同管理审计的目标，主要包括审查和评价合同管理环节的内部控制及风险管理的适当性、合法性和有效性，合同管理资料依据的充分性和可靠性，合同的签订、履行、变更、终止的真实性、合法性以及合同对整个项目投资的效益性。

③ 合同管理审计范围，工程建设过程中所涉及的监理、勘察设计、建筑安装工程等合同，包括合同的授予、签订、履行、变更、解除和终止。

④ 合同管理审计的依据，包括：主要资料合同当事人的法人资质资料；合同管理的内部控制；专项合同书；专项合同的各项支撑材料等。

⑤ 合同管理审计的方法，主要采用审阅法、核对法、重点追踪审计法等。

6.3.2　合同管理制度的审计

① 检查组织是否设置专门的合同管理机构。建设项目法人应设置由法定代表人或委托代理人，合同承办或项目管理部门，财务、审计、法律事务以及档案管理等部门参与的合同管理机构。

② 检查专职或兼职合同管理人员是否具备合同管理资格。参加合同管理的人员资格包括工作阅历、从事专业工作时间，必须具备中级或以上职称，同时持有各相关专业资格证书等。

③ 检查组织是否建立了适当的合同管理制度。合同管理制度一般要求包括承办人制度、审查会签制度、授权委托管理制度、审计监察制度和责任追究制度。在工程建设合同管理过程中，承办人（或项目管理部门）还应配套制定与合同相关的项目管理制度，以确保合同的规范性、科学性。

④ 检查合同管理机构防范重大设计变更、不可抗力、政策变动等的风险管理体系建立健全情况。

6.3.3　专项合同通用内容审计

专项合同通用内容主要包括合同主体、合同条款、合同内容、违约责任、合同履行等。主要审计内容如下：

① 检查合同当事人的法人资质、合同内容是否符合相关法律和法规的要求。

在我国，对承包方的资格审查主要审查承包人有无企业法人营业执照、是否具有与所承包工程相适应的资质证书。施工单位必须具备企业法人资格且营业执照经过年检，施工单位要在资质等级许可的范围内对外承揽工程。跨省、自治区、直辖市承包工程的还要经过施工所在地建筑行政主管部门办理施工许可手续，行政管理规定不影响民事主体的民事权利能力，未办跨省施工许可手续的不影响合同有效。

② 检查合同双方是否具有资金、技术及管理等方面履行合同的能力。

如果合同履行了招投标程序，则可查阅招投标有关背景资料或直接审阅投标单位技术标书等文件。未履行招标程序的合同，必须按照有关审查程序逐一进行严格审查。一是具有支付能力、生产能力或运输能力等，必要时应要求其出具资产负债表、资金证明、注册会计师签署的验资报告等相关文件；二是审查合同主体过去三年重合同、守信用等履约情况，应无严重违约事实，签订合同时，无涉及可能影响合同履行的重大经济纠纷或重大经济犯罪案件；三是签订合同时，不存在任何司法机关、仲裁机构或行政机关做出的任何对履行合同产生重大不利影响的判决、裁定、裁决或具体行政行为、其他法律程序。

③ 检查合同的内容是否与招标文件的要求相符合。

逐项查阅招标文件并与合同内容对照比较，招标文件一般包括招标项目的技术标准和要求、对投标人资格审查的标准（邀请招标的招标文件内需写明）、投标报价要求和评标标准等所有实质性要求和条件，以及拟签订合同的主要条款。如果招标项目需要划分标段且有工期要求，也会在招标文件中载明。采用清单报价编制的标的文件，还要与招标文件响应情况、是单价合同还是总价合同的规定情况进行对比检查，要特别关注投标单位的不平衡报价、多方案报价及零星用工（计日工）。

④ 检查合同条款是否全面、合理，有无遗漏关键性内容，有无不合理的限制性条件，法律手续是否完备。

a. 审核合同时，要根据合同的基本条款要求关注其主要条款是否完备，主要包括：当事人的名称或者姓名和住所；标的必须明确，否则当事人的权利和义务就无所指向，合同无法履行；数量；质量，通常应当包括质量标准值、质量检验程序、质量检测方法、质量责任等有关内容；价款或者报酬，合同中的价款或者报酬应当包括合同价、支付方式、支付条件和支付程序等内容；履行期限、地点和方式；违约责任，在违约责任条款中，当事人应明确约定承担违约责任的条件和违约金的计算办法；解决争议的办法，在解决争议办法的条款中，当事人须约定发生争议后不能通过和解或调解解决时的最终的解决争议方式。

b. 对可能引起纠纷的条款要予以修订，使其具体、明确和完善。对合同条文用词的审核，要集中在主要条款的关键词语上，如合同标的、数量与质量、结算价格和方式、违约责任等。

c. 审查合同的订立是否经过要约和承诺两个阶段，合同谈判是否经过适当授权，合同条款修订部分是否经过批准，记录是否完整。

d. 审查合同订立程序的合规性，是否办理了必要的法律手续，如公证、鉴证或担保事项。

⑤ 检查合同是否明确规定甲乙双方的权利和义务。主要审查合同条款中责任的界定是否明确，当事人的权利义务是否对等。

⑥ 检查合同是否存在损害国家、集体或第三人利益等导致合同无效的风险。合同的订立、履行应当遵守国家的法律、行政法规，公司规章。

知识拓展

根据《中华人民共和国民法典》的有关规定，无效合同的情形如下：
① 无民事行为能力人签订的合同无效；
② 双方以虚假意思表示，签订的合同无效；
③ 违反法律、行政法规强制性规范及公序良俗的合同无效；
④ 恶意串通，损害他人合法权益的合同无效。

⑦ 检查合同是否有关于过错方承担缔约过失责任的规定，有无明确的履约和违约的奖罚条款，解决争议的方式是否明确。

⑧ 检查合同是否有按优先解释顺序执行合同的规定。主要检查按优先解释顺序执行合

同的规定是否合理，凡国家、行业或公司有标准或示范文本的应当优先适用，有法律规定的遵照法律规定执行。

知识拓展

建设工程施工合同中除专用条款另有约定外，优先解释顺序为：①本合同协议书；②中标通知书；③投标书及其附件；④本合同专用条款；⑤本合同通用条款；⑥标准、规范及有关技术文件；⑦图纸；⑧工程量清单；⑨工程报价单或预算书。

6.3.4 勘察设计合同审计

勘察设计合同审计应检查工程勘察设计合同当事人双方及建设单位与勘察设计单位之间的权利义务划分是否明确、公平、合理。勘察设计合同审计主要包括以下内容：

① 检查合同是否明确规定建设项目的设计任务目标，如建设规模、投资额、使用功能要求、建筑风格、结构形式等；

② 检查合同是否明确规定勘察设计的基础资料的提供方式和期限；

③ 检查合同是否明确规定设计文件交付的期限；

④ 检查合同是否明确规定勘察设计的工作范围、进度、质量是否满足工程建设需要；

⑤ 检查合同是否明确规定勘察设计文件提供的份数、时间；

⑥ 检查勘察设计费的计费依据、收费标准及支付方式是否符合有关规定；

⑦ 检查合同是否明确规定在工程建设过程中的双方配合协作条款；

⑧ 检查合同中是否包括违约责任条款，违约行为的划分是否清晰，违约责任的承担是否合理等。

6.3.5 施工合同审计

施工合同审计，首先要检查签订之前的相关文件以审查合同的完整性，这些文件包括合同协议书、中标通知书、投标书及附件、合同专用条款、合同通用条款、标准、规范及有关技术文件、施工设计图纸、工程量清单、工程报价单或预算书等。

6-3 施工合同审计

施工合同的主要审计内容如下：

① 检查合同是否明确规定工程范围，工程范围包括工程地址、建筑物数量、结构、建筑面积、工程项目明细表、工程批准文号等。

② 检查合同是否明确规定工期，以及总工期及各单项工程的工期能否保证项目工期目标的实现。合同工期（总工期）的日历天数作为衡量承包人是否按约定期限履行施工义务的标准，将施工期（各单项工程工期）与合同工期比较，判定承包人的施工是提前竣工还是延误竣工。

③ 检查合同的工程质量标准是否符合有关规定。相关工程质量验收标准，包括材料和设备的检查试验、施工工艺的检验和竣工检验标准。除国家和行业规定外，检查其对工程质量有无特殊要求。合同条件内应明确规定的情况包括：不合格材料和工程的重复检验费用；承包人没有改正忽视质量的错误行为；折价接收部分有缺陷工程。

④ 检查合同工程造价计算原则、计费标准及其确定办法是否合理。工程造价计算原则应符合预规及配套使用定额的规定。

⑤ 检查合同是否明确规定设备和材料供应的责任及其质量标准、检验方法。

⑥ 检查所规定的付款和结算方式是否合适。检查合同预付款、进度款、结算款的支付是否经过审核，批准及签字手续是否齐全，项目法人是否按合同规定及部门内部审批权限程序支付款项，对超过合同约定以外支付的款项是否签订补充合同。

⑦ 检查隐蔽工程的工程量的确认程序及有关内部控制是否健全，有无防范价格风险的措施。没有监理工程师的批准，任何工程部位都不得覆盖或置于无法查看的状态。监理工程师在认为必要时可随时指示承包单位对已隐蔽的工程进行剥露重新检验，对已完工的任何永久工程部位进行凿洞穿孔检查。若检查结果表明质量合格，所有费用由项目法人承担；若不合格时，承包单位负责修复并承担全部费用。但对于未通知检验而自行隐蔽的任何工程部位的剥露或凿洞检验费用全部由施工单位承担。

⑧ 检查中间验收的内部控制是否健全，交工验收是否以有关规定、施工图纸、施工说明和施工技术文件为依据，竣工验收的时间、程序是否明确。

⑨ 检查质量保证期是否符合有关建设工程质量管理的规定，是否有履约保函。参照有关工程质量保证期规定，按照招标投标文件范本的规定，签订合同后要提交履约保函，按照惯例，施工合同大多数情况下采用无条件保函。

⑩ 检查合同所规定的双方权利和义务是否对等，有无明确的协作条款和违约责任。主要检查合同中双方的权利和义务方面有无空缺条款，是否公平、对等。

6.3.6 委托监理合同审计

工程监理是对建设工程实施全过程监督和管理是，保证工程质量、工期、安全和控制工程投资的关键环节。委托监理合同的主要审计内容如下：

① 检查监理公司的监理资质与建设项目的建设规模是否相符。主要检查监理公司资质、总监资质、监理公司近三年工作业绩。监理单位必须具有资质证书和营业执照，在其资质等级许可的监理范围内，承担监理业务，未经资质主管部门批准，不得擅自越级承接建设监理业务。

② 检查合同是否明确所监理的建设项目的名称、规模、投资额、建设地点。主要是检查工程监理的对象和内容，可根据批准概算书中的编制说明、总概算表反映的投资项目内容核对合同基本要素。

③ 监理业务范围主要包括：对所监理的项目确定 W 点（见证点）旁站，H 点（停止点）待检，实行工程全过程跟踪、程序化管理等。

④ 监理责任方面的检查应主要包括：严格审核各参建单位的资质等级；参与并监督主要设备、材料的招投标工作；监督质量追溯制、工程公示牌以及各种签证制度的实施；参与、核查设计审查和施工图会审；参与工程验收及工程质量问题调查等。监理责任目标一般包括以下内容：

a. 质量目标：达到合同要求；

b. 进度目标：工期控制在合同工期之内；

c. 经济目标：监理范围的工程，静态投资控制在初步设计审定的概算之内；

d. 安全目标：杜绝重大人身伤亡事故，杜绝重大设备事故，杜绝因施工造成的大面积停电事故。

⑤ 检查监理方应提供的工程资料及时间等方面的要求是否明确。必须在规定的时间内

提供的资料清单一般包括：监理日记、监理旁站记录、总监理工程师巡视记录、质量缺陷（事故）处理记录、见证取样和开箱检验及分项分部中间验收记录、设计变更监理回复通知书、施工组织设计审核签证、投资控制记录、施工进度控制记录、来往文件等。

⑥ 检查监理报酬的计算方法和支付方式是否符合有关规定。应符合国家发展改革委有关监理收费规定，或按照监理招标确定的中标价及支付方式执行。

⑦ 检查合同对违约责任的追究条款有无规定。合同中的责任条款一般从两个方面来规定：一是因监理单位责任，没有完成监理合同中规定的服务内容和达到规定的标准要求，给工程建设造成损失时，项目法人可根据合同或有关规定对监理费予以扣罚；二是监理单位在工程建设中严重失职，造成重大质量安全事故时，除按合同条款处罚外，还应依据有关法律的规定，追究监理单位及其负责人、责任人的行政责任直至刑事责任。

6.3.7　合同变更的审计

合同变更包括涉及合同条款的变更、合同主体的变更和工程变更，其中最常见、发生最频繁的是工程变更，即根据合同约定对施工程序、工程数量、质量要求及标准等做出的变更。工程合同变更的审计主要包括以下内容：

① 工程变更的原因分析，包括：分析发生了哪些变更，变更产生的原因是什么，谁应该对此承担责任。

② 工程变更的程序执行检查，包括：工程变更是否按照合同约定程序进行，是否有违法、违规现象等。

③ 工程变更的影响分析，包括：分析工程变更对工程合同的履行（进度、质量和投资等）产生何种影响。

④ 变更执行情况检查，包括：分析变更是否必需，是否设定不同层级负责审批不同金额范围的变更项目的制度，工程变更是否可控等。

⑤ 检查合同变更后的文件处理工作，有无影响合同继续生效的漏洞。

6.3.8　合同履行的审计

在工程审计时，审计人员还必须对工程合同的履行情况进行跟踪审计，工程合同履行的审计主要包括以下方面：

① 检查工程合同当事人双方是否按照合同约定全面、真实地履行合同义务。

② 检查合同履行前是否通过合同交底落实合同责任。

③ 合同签订情况评价，包括：预定的合同战略和策划是否正确，是否已经顺利实现；招标文件分析和合同风险分析的准确程度；该合同环境调查、实施方案、工程预算以及报价方面的问题及经验教训；合同谈判中的问题及经验教训，以后签订同类合同的注意点；各个相关合同之间的协调问题等。

④ 检查合同执行情况，包括：合同执行战略是否正确，是否符合实际，是否达到预想的结果；在本合同执行中出现了哪些特殊情况，应采取什么措施防止、避免或减少损失；合同风险控制的利弊得失；各个相关合同在执行中协调的问题等。

⑤ 合同偏差分析，包括分析在合同履行中出现了哪些差异，差异的原因是什么，谁应该对此承担责任，采取了哪些措施，执行效果如何。

⑥ 合同管理工作评价。这是对合同管理本身，如工作职能、程序、工作成果的评价，

包括：合同管理工作对工程项目的总体贡献或影响；合同分析的准确程度；在投标报价和工程实施中，合同管理子系统与其他职能的协调问题，需要改进的地方；合同控制中的程序改进要求；索赔处理和纠纷处理的经验教训等。

6.3.9 合同终止的审计

合同终止的审计内容如下：
① 检查合同终止的要件是否达到；
② 检查终止合同的报收和验收情况；
③ 检查最终合同费用及其支付情况；
④ 严格检查合同资料的归档和保管，包括在合同签订、履行分析、跟踪监督以及合同变更、索赔等过程一系列资料的收集和保管是否完整。

6.4 工程造价审计

工程造价审计是建设项目审计的基础内容与重要组成部分，主要包括工程项目竣工决算审计、工程项目预算审计、工程项目结算审计等内容。

6.4.1 工程项目预算审计

6.4.1.1 工程项目预算审计依据

① 经审定的施工图纸及设计说明。施工图纸是计算工程量的基础资料，施工图纸反映工程的构造和各部位尺寸，是计算工程量的基本依据。在取得施工图纸和设计说明等资料后，必须全面、细致地熟悉和核对有关图纸和资料，检查图纸是否齐全、正确。如果发现设计图纸有错漏或相互间有矛盾，应及时向设计人员提出修正意见，予以更正。经过审核、修正后的施工图才能作为计算工程量的依据。

6-4 工程项目预算审计

② 建筑工程预算定额。建筑工程预算定额系指《全国统一建筑工程预算工程量计算规则》等以及省、自治区、直辖市颁发的地区性建筑工程计价定额。

③ 经审定的施工组织设计或施工技术措施方案。计算工程量时，还必须参照施工组织设计或施工技术措施方案。例如，计算土方工程量仅仅依据施工图是不够的，因为施工图上未标明实际施工场地土壤的类别以及施工中是否采取放坡或是否用挡土板的方式。对这类问题就需要借助于施工组织设计或者施工技术措施方案予以解决。

④ 施工现场的实际情况。计算工程量有时还要结合施工现场的实际情况进行。例如，平整场地和余土外运工程量，一般在施工图纸上是不反映的，应根据建设基地的具体情况予以计算确定。

⑤ 经确定的其他有关技术经济文件。其他有关技术经济文件主要是指：单位估价表或价目表、人工工资标准文件、材料预算价格文件、施工机械台班单价文件、费用定额或取费文件、工程发承包合同文件等。

6.4.1.2 工程项目预算审计目标

在工程实施阶段对施工图预算实施的造价审计，是指对工程项目成本的真实性、合法性进行的审查和评价，检查是否存在虚列工程、套取资金、弄虚作假、高估冒算的行为等。工程预算造价审计的目标主要包括：

① 确定项目预算的真实性，即检查所编预算与施工图纸是否一致。

② 确定项目预算的正确性，主要检查各项计算是否符合有关规定，内容、计算结果是否合理、准确，是否存在虚假与错误，验证预算编制的可靠性。

③ 确定项目预算的合规性，主要查证预算编制是否符合相应原定额、标准和有关规定。认定预算的合法性，即检查其能否作为签订工程施工合同的合法依据，使其具有法律效力。

④ 检查预算内容的完整性，一个工程项目中各单位工程的施工图预算所涉及的专业有很多，需分别按各自的专业图纸和不同的专业定额、标准分别计列，组成一份完整的工程项目的预算文件，反映项目完整的预算造价，所以需检查各分项工程项目是否完整以及资料的完整、齐备程度。

6.4.1.3　工程项目预算审计主要内容

对施工图预算的审核，主要是以工程量是否正确、定额的套用是否合理、费用的计取是否准确三方面为重点，在施工图的基础上结合合同、招投标书、协议、会议纪要，以及地质勘察资料、工程变更签证、材料设备价格签证、隐蔽工程验收记录等竣工资料，按照有关文件规定进行计算核实。

（1）审计工程量

对于大型项目，宜采用抽查审计的方法，重点审计量大价高的工程部位，从审计工作的实际要求看，房屋建筑工程重点抽查钢筋混凝土结构部分、隐蔽工程部分、墙体工程部分及高级装饰部位等；道路工程重点审计面层和垫层及土方工程；装饰工程重点审计墙柱面、楼地面、顶棚及特殊装饰部位；修缮工程重点审计改造比例较大的部位，如墙面铲除工程量、油漆涂料部分工程量等。对于中小型项目，应实施详细审计的方法来核实工程量。

无论审计何种项目，工程量审计都应包含两大内容：一是列项是否正确；二是工程量的计算过程是否符合计算规则要求，数量是否正确等。

① 审计施工图预算的列项情况。

列项是指确定计算工程量的项目顺序和项目内容。列项的直接依据是工程图纸和预算定额（或计价表）。

② 审计工程量的计算情况。

工程量审计的实质是根据施工图纸和工程量计算规则要求审计各分部分项工程的工程量计算是否正确。工程量计算审核应遵循一定的原则：

a. 计算规则要一致。工程量计算必须与定额或规范中规定的工程量计算规则（或计算方法）相一致。例如，墙体工程量计算中，外墙长度按外墙中心线长度计算，内墙长度按内墙净长线计算，又如楼梯面层及台阶面层的工程量按水平投影面积计算。

b. 计算口径要一致。计算工程量时，根据施工图纸列出的工程项目的工作内容，必须与定额或规范中包括的内容相一致。不能将项目中已包含了的工作内容再拿出来另列项目计算。

c. 计算单位要一致。计算工程量时，所计算工程项目的计量单位必须与定额或规范中相应项目的单位保持一致。

d. 计算尺寸的取定要准确。计算工程量时，首先要对施工图尺寸进行核对，各项目计算尺寸的取定要准确，不能任意扩大和缩小。

 【案例6-1】

某住宅工程审计中，发现墙体工程量计算误差较大，墙体按计算规则应扣除混凝土柱、梁等内容，而本工程图纸中绘出的圈梁、构造柱体积已扣除，但构造柱与墙体嵌接的马牙槎的体积和墙体中按构造要求增加的圈梁、构造柱体积及窗台板、卫生间等部位的止水带等体积均未扣除，多计墙体体积85m³，占墙体总量的9.5%；另有两道轴线间墙重复计算。

（2）审计定额套用情况

① 审核定额单价的套用。工程预结算书中所列各分项单价是否与定额相符，其名称、规格、计量单位和所包括的工作内容是否与定额一致，是审核的重点，主要存在的问题是重复列项目、增列项目和混淆项目。所谓重复列项目就是相同、相近的工作内容，分别套用两个定额项目来重复计价；所谓增列项目就是对定额项目工作内容说明中已包括的工序又增列了定额项目来重复计价；所谓混淆项目就是利用项目名称的近似性，套用单价过高的项目。

② 审核定额单价的换算。首先要审核换算内容是不是定额中允许的，其次是审核换算是否正确。由于定额是在正常施工条件、合理的劳动组织的工艺条件下完成规定计算单位，符合国家技术标准和验收规范的合格产品所必需的消费量标准，它反映了一定时期内的科学技术和生产力发展水平。因此，在执行定额时，定额规定允许换算的才能换算，不允许换算的不能随意换算。

③ 对补充定额的审核。主要是检查编制的依据和方法是否正确，人工工日、材料预算价格、机械台班单价及相应的消耗量是否合理。

（3）审计取费情况

取费应根据当地工程造价主管部门颁发的文件及规定，结合相关文件如合同、招投标书等来确定费率。审核时应注意取费文件的时效性、执行的取费表是否与工程性质相符、费率计算是否正确、价差调整的材料是否符合文件规定。如审核计算时的取费基础是否正确，要确定是以人工费加机械费为基础还是以直接费为基础。对于费率下浮或总价下浮的工程，在结算时要特别注意变更或新增项目是否同比下浮等。

注意审计直接费的计算标准和涵盖范围，直接费中的人工费以定额或地方文件规定的标准计算，无特别原因不得自行调整；材料费以定额预算价进入直接费，材料价差另外计算；机械费包含不变费用与可变费用两大部分，大型机械进退场费需另列项目计算，机械的维修费、折旧费等不另外调整。

审计间接费、利润和税金等，重点是审计取费费率和取费基数的确定是否正确，是否符合工程项目类别的要求，是否与现行的文件规定相一致，是否与施工单位的资质、级别内容相吻合等。审计税金时，尤其要注意审计甲供材料的价差部分是否计税，税率的计取是否符合项目所在地区的级别要求等。

6.4.2　工程项目结算审计

这里所说的结算主要是工程竣工结算，它是在工程合同实施完毕后进行的价款结算，一般竣工结算的审计也是在工程竣工后再进行。

6.4.2.1　工程项目结算审计依据

竣工结算审计与工程预算审计的时间不同，但审计的最基本方法和内容基本是一致的，审计的依据也基本相同，只是审计竣工结算时还需审计人员再搜集工程实施过程中的一些资料，主要有：

① 工程合同文件及补充协议、投标文件等资料。

② 工程竣工图纸及竣工相关资料。

③ 工程材料价格确认资料。

④ 双方确认的追加（或减）工程价款。

⑤ 工程变更、索赔、现场签证事项及价款。

⑥ 竣工结算文件。

6.4.2.2　工程项目结算审计目标

工程项目竣工结算审计目标与工程预算的审计目标一致，主要是对工程项目成本的真实性、合法性进行审查和评价。

① 确定竣工结算的真实性，即检查竣工结算资料与竣工图纸和实际工程是否一致。

② 确定竣工结算资料的有效性，即确认每一类工程资料必须是真实有效的，如竣工图必须要有建设单位或经授权的监理单位有权人员签字确认，变更材料核价表、清单外单价审批等工程签证要有建设单位或经授权的监理单位有权人员确认。

③ 确定竣工结算的合法性。主要是查证竣工结算的编制是否符合相应原合同、定额、标准和有关规定。认定竣工结算的合法性，即检查其能否作为竣工结算的合法依据，使其具有法律效力。

④ 确定竣工结算的正确性。主要检查各项计算是否符合有关规定，内容、计算结果是否合理、准确，是否存在虚假与错误，验证竣工结算编制的可靠性。

6.4.2.3　工程项目结算审计主要内容

工程项目的竣工结算审计是工程项目造价控制的最后一道关卡，也一直是审计工作的重点。随着工程项目造价管理模式的发展，审计重心的前移并根据工程合同计价方式的不同，竣工结算审计的内容也有所不同。一般工程项目竣工结算的审计包括以下内容。

（1）结算资料的审计

① 核对合同条款。首先应核对竣工工程内容是否符合合同条件要求，工程是否竣工验收合格，只有按合同要求完成全部工程并验收合格才能列入竣工结算。其次，应按合同约定的结算方法、计价定额、取费标准、主材价格和优惠条款等，对工程竣工结算进行审计，若发现合同开口或漏洞，应请甲方与乙方认真研究，明确结算要求。

② 检查隐蔽工程验收记录。所有隐蔽工程均需进行验收、签证；实行监理的项目应经监理工程师签证确认。审计竣工结算时应核对隐蔽工程施工记录和验收签证，手续完整，工程量与竣工图一致方可列入结算。

③ 落实设计变更签证。设计修改变更应由原设计单位出具"设计变更通知单"并修改图纸，设计、审校人员签字并加盖公章，经甲方和监理工程师审查同意，签证；重大设计变更应经原审批部门审批，否则不应列入结算。

（2）经济指标的审查

经济指标的审查即审核各单位工程的经济指标，计算各单位工程的工程技术经济指标并与该地区的平均造价指标相比较，以此决定审计重点与审计方法。

（3）工程量的审计

工程量是确定工程结算价款的重要依据，是工程结算审计的重点之一，必须严格按照施工图纸和实际验收的工程量认真核查，增加的工程量必须要有设计变更和现场签证，同时要减去工程变更减少的工程量。

① 按图核实工程数量。竣工结算的工程量应依据竣工图、设计变更单和现场签证等进行核算，并按合同约定的计算规则计算工程量。招投标工程按工程量清单发包的，需要逐一核对完成的工程量，然后对工程量清单以外的部分按合同约定的结算办法与要求进行结算。

② 审计工程项目划分是否合理。在着手做结算之前都要首先了解施工图的设计意图和施工方法，做好计算工程项目的划分工作。所以审计结算首先就要审计工程项目划分是否合理，是否出现多设或少设项目，划分项目方法要注意与计价依据的口径一致。在结算审计中，对预算定额各分部的工作内容必须了解、熟悉，以防重复计算。

③ 审计工程量计算规则是否与定额或清单计价规范保持一致。定额或清单执行过程中各分部的工程量都有其计算规则，必须按照规则执行，不能巧立名目或另起炉灶。

以工程量计算规则为审计标准，原则上应逐项实行审计，重点看单价高或工程量较大的部位。

a. 土方的计算应注意因放坡而引起不同基础土方之间的重复部分和放坡系数的确定。

b. 基础工程量的计算中，对"按实计算"往往有不同的理解。例如，某工程合同规定开挖土方按实进行结算，竣工后乙方上报土方量为 2400m³，而业主认为按"图示尺寸"计算出的"量"再加上规定允许放坡的"量"及增加工作面的"量"来计算只有 1600m³。分析如下：

关于"按实计算"一般有两种理解：一种理解认为，基础工程开挖了多少就算多少；另一种理解认为"按实计算"就是按设计规定的"图示尺寸"计算。当然，后者是正确的。按"图示尺寸"计算出的"量"再加上规定允许放坡的"量"及增加工作面的"量"来计算，是正确计算基础工程造价的基础。如果是清单计价，则只计算按"图示尺寸"计算出的"量"。

c. 砌体应注意门窗、梁、柱、空圈等是否扣除。

d. 重点审核混凝土和钢筋混凝土工程量计算的准确性。钢筋混凝土工程应注意柱、梁、板的重叠部分；钢筋工程的计算应注意钢筋的搭接、弯钩长度，梁柱箍筋、板底筋、板分部筋的根数，各种构件的数量。

e. 门窗工程部位，尤其是铝合金门窗，重点审计其面积是不是按洞口尺寸面积计算的。

f. 装饰工程应结合图纸和现场，审查应扣除的地方是否扣除；以块料装修的地面工程、墙面工程，以及以轻钢龙骨、木龙骨为主的吊顶顶棚工程等部位制作复杂，材料价格偏高，是审计重点。

g. 楼地面以及屋面工程量的计算中，要注意设计构造层次和定额项目包括内容的相对应性，防止定额中已包含的构造层次被重复计量。

h. 审计工程量的计算单位是否与套用定额单位保持一致。

i. 审计签证凭据，核准工程量。现场签证及设计修改通知书应根据实际情况核实，做到实事求是，合理计量。

j. 特别注意基础开挖及回填的土石方工程等隐蔽工程。这些隐蔽工程都要有真实、完整、合法的现场验收签证手续。

（4）单价的审计

单价是确定工程结算价款的另一个重要依据，也是工程结算审计的重点。

单价审计时应严格执行计价依据。除投资包干部分外，结算单价应按合同约定或招投标规定的计价定额与计价原则执行，如以当地（或行业）当时执行的建安工程预算定额单价，当地（或行业）、建设行政主管部门和工程造价管理部门发布的报告期价格指数及有关规定为准。定额单价没有的项目应按类似定额进行分析换算，或提出人工、机械、材料计价依据，编制补充单价；不得高套、拆算，不得随意估算或重复计算。在审计单价时应注意以下几个方面：

① 审计有无乱套定额，有无混用新建与修缮、建筑与市政及其他专业定额的情况。要划清使用界限，纠正误套现象。严格按照法规文件的执行范围、日期、调整内容及调整办法进行各项政策性调整，核实是否存在断章取义和乱套、重套或高套定额等现象。

 【案例6-2】

某住宅小区由地下一层车库、地上6栋14层住宅楼组成，总建筑面积57133m²。大型土石方工程，乙方在送审结算书中按人工装土、自卸车运土套价。后审计提出异议，认为根据实际情况，大开挖出土的10%按人工装土、自卸车运土计算，其余土石方按挖土机械与自卸车联合作业计算，故乙方高套定额子目，最终核减造价200万元。

② 审计结算中所列各分项工程结算单价与预算定额或合同是否相符，其名称、规格、计量单位和工程内容是否与定额（单位估价表）或工程量清单一致；审计工程项目名称与设计图纸标准是否一致，如混凝土强度等级、水泥砂浆比例；审计单价子目内容是否与设计相符；审计定额编号是否与项目名称相对应；审计定额中已综合的项目是否被重复计算。

 【案例6-3】

某地面镶贴大理石工程，当地定额子目中已包含了基层施工工艺做法，乙方却又多套一遍地面找平层子目。墙面铺贴大理石工程，定额编制说明中已明确其工作内容中包含酸洗打蜡费用，乙方却又多套一遍酸洗打蜡定额子目。

③ 审计换算的分项工程是不是定额中允许换算的，审查换算是否正确。
④ 审计对补充定额的编制是否符合编制原则，单位估价表计算是否正确。

 【案例6-4】

有些乙方预算人员利用目前装饰定额不完善或缺项等不足之处，抛开合同约定计价方法，借机不套定额，全部采用市场估价，如人工单价估价为100元/工日，工艺木墙裙估价为320元/m²，普通工艺门估价为1800元/樘等。

（5）取费的审计

取费的审计按工程费用定额及有关规定执行。审计时，应先审计各项费率、价格指数或换算系数是否正确，价差调整计算是否符合要求，后核实特殊费用和计算程序。

① 审计时，应按当地标准和合同协议条款执行，并注意：审计费用计取是否与工程类别和合同协议条款一致；审计预算外调增材料价差是否按实际计取，价差部分是否多计间接费；审计有无将不需要安装的设备费计取为安装工程的间接费用情况；审计有无巧立名目、乱摊费用现象。

② 注意工程类别以及各项费用的计取基数。审查取费基数是否正确，有无高套取费标准；审查是否按工程类别计取费用，是否有擅自提高取费等级的情况，如把四类工程按三类工程取费等。

③ 注意其他与取费有关的问题：如取费文件的时效性；执行的取费表是否与工程性质相符；费率计算是否正确；价差调整的材料是否符合文件规定；其他费用计取涉及的一些具体问题，如材料的二次搬运、大型机械进出场费、施工用水电摊销方法、赶工费等。

（6）工程变更和现场签证的审计

工程变更和签证具有内容广泛、成因复杂、规律性较差、发生的时间长、造价难以确定等特点，而且因工程变更和工程签证而调整的工程造价占整个单位工程竣工结算的比例较大，因此加强对工程变更及现场签证的审计，是造价审计的重点内容。

① 工程变更的审计。工程变更是工程施工过程中为保证设计和施工质量、完善工程设计、纠正设计错误以及满足现场条件变化而进行的设计修改工作，包括设计变更、进度计划变更、施工条件变更和原招标文件及工程量清单中未包括的新增工程。工程变更资料一般包括由原设计单位出具的设计变更通知单和由建设单位、施工单位、监理单位、跟踪审计单位提出并征得原设计单位同意的工程变更联络单两种。其内容包括：图纸会审时，参与一方提出，并经各方研究同意而改变施工图做法的变更；在施工过程中，遇到一些特殊情况（如软弱地基处理、材料替用），由施工单位提出，经设计单位和建设单位同意而发生的变更，或者建设单位由于某些方面的需要，要求改变某些做法或增减某些工程项目提出的变更。

无论哪一种变更都要认真审查变更原因，严禁通过设计变更扩大建设规模，增加建设内容，提高建设标准。工程变更审计要点如下：

a. 审计施工过程中出现的工程变更是否有文字记录和相关变更资料，变更的理由与合同约定不一致是否会产生矛盾。

b. 审查变更程序是否规范，是否符合合同要求。工程变更可以由设计、建设、监理单位提出，也可以由施工方提出合理化的变更建议，但工程变更必须由设计单位出具，监理审核并经建设单位批准。因为工程变更可能改变设计意图，必须经设计单位详细的计算，验算并出具工程变更通知单；若工程变更涉及工程造价的增减，监理必须就变更对工程造价的影响程度进行分析，供甲方决策。

c. 审计变更是否已全部实施；审计是否将按原图施工的已拆除的材料、设备或已加工好但未安装的成品、半成品回收；审计因变更调减或取消项目，是否有签署设计变更，并在结算时扣除。

d. 审计是否有分析变更原因并追究责任方的责任。若因设计部门的错误或缺陷造成变更费用以及采取的补救措施的费用，如返修、加固、拆除等费用，应进行调查、分析，根据合同追究设计责任。若因监理单位的失职或指挥错误造成设计变更，应由监理单位承担一定费用。因设备、材料供应单位供应的材料质量不合格造成的费用应由设备供应单位负责。施工单位的原因导致施工不当或施工错误，此变更费用由施工单位自负。

② 现场签证的审计。工程签证主要是指施工单位就施工图纸所确定的工程内容以外，施工图预算或投标报价中未包含而施工中又实际发生费用的施工内容所办理的签证。其内容包括：因工程变更所引起的工程量改变；因建设单位原因，未按合同规定的时间和要求提供施工条件、甲供材料设备及长时间停水停电等造成施工单位的停工、窝工损失；发包人对承包人下达原图纸范围外的零星工作等。由于工程签证发生在施工过程中，通常采用现场签证的方式进行，故称为现场签证。

现场签证审计时要点如下：

a. 审计现场签证是否按规定的程序执行，费用调整是否满足合同约定的要求，对合同约定不应增加费用的现场签证不应办理；

b. 审计签证内容与实际是否相符，是否存在未经核实就随意签证的现象，签证内容及资料是否详尽，手续是否完备。现场签证中涉及隐蔽的工程量，应由发包人、承包人、监理单位、设计单位、审计单位现场核实并签认，根据合同约定作为计算签证价款的依据；一些签证没有附图与详细资料，工程数量无法核实，有的工程签证只有业主、施工单位两方签字而无监理签字。

c. 审计签证日期与实际是否相符，是否存在不及时办理有关手续，事后集中补签证的情况。

d. 审计是否存在重复签证情况。在合同中约定的内容，不能以签证形式出现。审计人员应注意签证内容是否已经包括在合同约定的内容中、定额工作内容中或综合间接费内容中。

 【案例6-5】

某五层框架结构的厂房竣工结算资料中有以下几份工程变更通知单和工程现场签证单：

① 工程变更通知单001：应业主要求，取消一层所有120内墙，如该部分涉及水电内容，则取消该部分水电项目。

② 工程变更通知单002：根据施工质检意见，本工程中地下室外墙外侧加涂K11防水涂料，地下室外墙水平分布钢筋放在纵向钢筋外侧。

③ 工程变更通知单003：根据抗震设防审核意见，工程中墙长大于4500mm处，墙中增加构造柱。

④ 工程现场签证单001：因基础开挖时遇到暗塘，所以在该部位深挖并用1:1砂石回填，工程量若干。

⑤ 工程现场签证单002：因施工方案的变更，增加外墙脚手架工程量若干平方米；因混凝土工程的增加，相应模板工程量增加若干平方米。

【分析】审计单位对以上工程变更通知单和工程现场签证单内容进行审计分析，得出以下结论：

① 该项是由业主方提出的工程变更，变更程序符合规定，变更内容真实、有效，结算应扣除该120内墙及相关内容的费用，包括内墙砌墙脚手架等措施项目的费用。

② 该项是由施工方提出的工程变更，变更程序符合规定，变更内容真实、有效，其中

地下室外墙外侧加涂 K11 防水涂料，费用应增加，经审计，工程量计算准确，所用材料价格按施工期间当地造价部门提供的信息价计算，综合单价基本合理；地下室外墙水平分布钢筋位置不涉及钢筋用量的增减，不予调整。

③ 根据抗震设防审核意见的设计变更，变更程序符合规定，经查看变更内容与部位是真实的，结算应增加相应构造柱的工程量及相关费用，工程量计算是准确的，其综合单价按照原合同中的综合单价也是正确的。

④ 现场签证相关的签字、盖章均齐全，且时间也较及时，经查询该签证事由是真实的且增加的工程量也是准确的，综合单价采用的是本合同中原有价格，是合理的。

⑤ 本项现场签证相关的签字、盖章均齐全，时间也较及时，签证事由是真实的，但增加的外墙脚手架工程量却不能给予计算，因为脚手架增加是施工方自身方案的原因，并非因工程中外墙工程量的增加而引起，因此不能计算。对于属于措施费性质的签证需要正确判断，如果是属于一个有经验的承包商应该预见到的措施，而在投标中漏报了、算少了，都将不能得到承认。

本签证单中的第二项模板工程量计算量是准确的，且它是由于混凝土工程的工程量增加而产生的，应该计算。

（7）施工索赔审计

施工索赔审计的要点为：审查施工索赔的要求是否真实、合理、合规；审查施工索赔产生的原因是否明确；审查施工索赔的程序是否合规；审查施工索赔的金额是否适当，支付是否及时。

在审查中，若发现有不合规的索赔，或借索赔名义侵占国家利益的非法行为，应依法予以严肃处理。

6.4.3 工程项目竣工决算审计

6.4.3.1 工程项目竣工决算审计概念

工程项目竣工决算审计，是指工程项目正式竣工验收前，审计机关依法对工程项目竣工决算的真实性、合法性、效益性进行的审计监督。其目的是保障建设资金合理、合法使用，正确评价投资效益，促进总结建设经验，提高工程项目管理水平。

竣工决算审计为工程项目全过程审计的重要内容之一，其主要目的是确定竣工财务决算的准确性、合理性，确认工程项目竣工财务决算是否真实、合法、有效。

6.4.3.2 工程项目竣工决算审计目标

① 审计建设工程项目竣工决算的形式是否完整；

② 审计建设工程项目竣工决算的内容是否真实、可靠；

③ 审计建设工程项目竣工决算的内容是否合法；

④ 审计建设工程项目相关建设活动和经济活动是否有效，并出具审计意见，提出改进的建议。

6.4.3.3 工程项目竣工决算审计依据

① 项目建议书、可行性研究报告及其投资估算；

② 施工图纸、图纸会审记录及设计变更通知单；

③ 工程施工合同及补充协议；

④ 经审批的施工图预算及修正预算；

⑤ 有关财务账簿、凭证、记录及工程结算资料；

⑥ 隐蔽工程检查验收记录；

⑦ 工程竣工验收报告及竣工结算报表；

⑧ 材料、设备和其他各项费用的调整依据；

⑨ 预算外费用现场签证及批准的索赔报告；

⑩ 工程项目竣工情况说明书等。

6.4.3.4 工程项目竣工决算审计内容

（1）基建支出的审计

审计后的工程结算由财务部门进行会计核算，编制财务竣工决算报表，对财务竣工决算报表的审计重点是审查"建筑安装工程投资"、"设备投资"、"待摊投资""其他投资"的核算内容与方法是否合法、正确；审查列支范围是否符合现行制度的规定；审查其发生、分配是否真实、合法；核算所设置的会计科目及其明细科目是否正确；审查账务处理是否正确。

在审计中，如发现费用支出不符合规定的范围，或其支出的账务处理有误，应督促建设单位根据制度的规定予以调整。审查各项目是否与历年资金平衡表中各项目期末数的关系相一致；根据竣工工程概况表，将基建支出的实际合计数与概算合计数进行比较，审查基建投资支出的情况。

在基建支出审计中，对其他各项费用主要审计土地费用是否超过批准的设计概算，是否存在"搭车"征地行为；审计建设单位管理费的列支范围和标准是否符合有关规定；审计管理车辆购置费、生活福利设施费、工器具（工具、器具、家具）及办公生活家具购置费以及职工培训费的使用是否合理、合规。

（2）交付使用资产的审计

交付使用资产是指建设单位已经完成建造、购置过程，并已交付生产使用单位的各项资产，主要包括固定资产和为生产准备的不够固定资产标准的设备、工具、器具和家具等流动资产，还包括建设单位用基建拨款或投资借款购建的在建设期间自用的固定资产。

交付使用资产的依据是竣工决算中的交付使用资产明细表。建设单位在办理竣工验收和财产交接工作以前，必须依据"建筑安装工程投资"、"设备投资"、"其他投资"和"待摊投资"科目的明细记录，计算交付使用资产的实际成本，以便编制交付使用资产明细表。交付使用资产明细表应由交接双方签证后才能作为交接使用资产入账的依据。

交付使用资产的审计中，应审查以下几个方面：

① 审查交付使用资产明细表所列数量。金额是否与账面相符，是否与交付使用资产总表相符，是否与设计概算相符，其中对于建安工程和大型设备应逐一核对，对于小型设备工具、器具和家具等可只抽查一部分，但其总金额应与有关数字相符。

② 交付使用资产明细表应经过移交单位和接收单位双方签章，交接双方必须落实到人，交接财产必须经双方清点过目，不可看表不看物。

③ 审查交付使用资产的固定资产是否经过有关部门组织竣工验收，没有竣工验收报告的，不得列入交付使用资产。

④ 审查交付使用资产中有无应列入待摊投资和其他投资的，如有发现应予调整。

⑤ 审查待摊投资的分摊方法是否符合会计制度；工程竣工时，应全部分摊完，不留余额。

（3）基建收入的审计

基建收入主要指项目建设过程中各项工程建设副产品变价净收入、负荷试车和试生产收入，以及其他收入等。基建收入的审计主要包括审查收入的范围是否真实、合法，收入的账务处理是否正确，数据是否真实，有无转移收入、私设"小金库"的情况，基建收入的税收计缴是否正确，是否按比例进行分配。

（4）竣工结余资金的审计

建设项目竣工结余资金是指建设项目竣工后剩余的资金，其主要占用形态表现为剩余的库存材料、库存设备及往来账款等。

竣工结余资金的审计主要包括：

① 审计银行存款、现金和其他货币资金的结余是否真实存在。

② 对库存物资进行盘点，审计库存材料、设备的真实性和质量状况，审计处理库存物资的计价是否合理。

③ 审计往来款项的真实性和准确性，包括各类预付款项的支付是否符合协议和合同，应收款项是否真实、准确，重点审计坏账损失是否真实、正确、合规。

④ 审计竣工结余资金的处理是否合法、合规。

 **技能训练**

一、单项选择题

1. 施工图预算审计的主要内容中（　　）不是工程量审计的内容。
   A. 计算规则要一致
   B. 计算口径要一致
   C. 计算单位要一致
   D. 计算尺寸不准确

2. 关于工程结算审计，说法不正确的是（　　）。
   A. 所有隐蔽工程均需进行验收、签证
   B. 按图核实工程数量
   C. 应审计工程项目划分是否合理
   D. 审计工程量计算规则不用与定额或清单计价规范保持一致

二、简答题

1. 简述勘察设计审计的程序有哪些。
2. 简述工程项目施工合同审计的主要内容。
3. 简述工程项目竣工结算审计的主要内容。
4. 简述工程项目预算审计的主要内容。

模块七

工程项目投产阶段审计

📑 知识目标

● 掌握工程项目财务审计的重点。
● 掌握工程项目财务审计的过程。
● 熟悉工程项目绩效审计的目标和依据。
● 掌握工程项目绩效审计的程序和方法。
● 掌握工程项目绩效审计报告的内容。

🔄 技能目标

● 能够完成工程项目财务审计。
● 能够完成工程项目绩效审计。
● 能够撰写审计报告。

✖ 素质目标

● 具有高度的责任感和正义感，自觉遵章守纪、廉洁自律、恪尽职守。
● 具有综合判断能力，能够根据所掌握的信息和数据进行综合分析，做出合理的判断并提出结论。
● 不断提升自身素质和能力，不断学习和实践，以适应快速发展的工程领域的需求。

引例

某建设项目采用主要材料机械甲方提供（甲供），施工单位出人工和辅助性机械材料。在项目决算时，建设单位计列的材料量远大于工程实际需要量。后经调研发现，该项目将大量的生产用材料也计入工程建设费用中，虽然项目没有出现超概现象，但将不属于项目投资的费用也计入项目建设费用，违反了财务管理制度。

7.1 工程项目财务收支审计

7.1.1 工程项目财务收支审计的概念

工程项目财务收支审计是对与工程项目有关的财务收支活动和财务状况进行的审计，是建设单位概（预）算活动的重要内容。工程项目的财务收支活动贯穿项目的全过程，所以工程项目财务收支审计活动要实现项目全过程跟踪审计，要根据实际情况分阶段地出具工程项目财务收支审计报告，不能等项目竣工后再进行财务收支审计。

7-1 工程项目财务收支审计

7.1.2 工程项目财务收支审计的重点

工程项目财务收支审计是工程项目审计的核心内容，以合规性审计为主导，围绕资金运行路线，从资金的筹措到投入使用、分配和回收等逐步展开。在进行工程项目财务收支审计时，要重点关注以下几个审计重点。

（1）工程项目准备阶段的资金运用情况的审计

工程项目准备阶段的资金使用主要集中在土地征用、拆迁安置、各类费用补偿、现场清理和"七通一平"等方面，所以，工程项目准备阶段审计的重点是工程项目建设用地是否符合批准的数量、土地征用是否符合规划部门审批的要求、征用土地的用途是否符合审批要求、土地征用的拆迁安置费用的支出和管理情况以及现场清理和"七通一平"等前期费用支出情况。

（2）工程项目资金筹措、到位和使用情况的审计

工程项目资金来源有多种渠道，包括财政预算拨款、建设单位自有资金、通过金融机构借贷、发行债券融资、国际金融组织和国外政府贷款等方式。工程项目资金筹措、资金到位和使用情况审计不仅关系到建设到位资金的合理使用和项目建设的合法性，同时还关系到项目建设其他利益相关者的合法权益。审计监督的重点包括：工程项目建设资金来源是否合法，是否牵涉非法集资、强行摊派或不合理收费，工程项目建设资金总量和分期投资额数量是否符合工程建设需要，工程建设资金是否按照资金使用计划及时到位，建设资金使用情况是否符合相关规定，是否有非法转移、挪用或侵占建设资金情况，有无混淆核算建设资金和生产资金现象等。

（3）工程建设成本和其他财务收支核算的审计

工程建设成本是工程项目建设投入的主要方面，工程建设成本核算能有效地分析总结建设资金投入的有效性。审计监督的重点包括：工程价款结算的时间、方式和结算的真实有效

性，各类财务报表的真实性，待摊投资超支幅度及原因分析，待摊费用支出的合理性，工程项目建设成本的合理归集，单位工程成本的计算方式和合理性，生产费用和建设成本的区分及有无混淆现象，工程项目收入来源的合法性和准确性，资金分配和使用的准确性，往来款项的真实合法性，工程项目交付使用资产核算情况，有无其他违纪行为。

（4）工程项目材料、设备采购管理的审计

工程项目材料和设备在工程建设成本中占较高比例。工程项目材料和设备的采购包括业主采购和承包商自行采购两种类型。工程项目材料、设备采购管理审计监督的重点包括：材料和设备等物资的数量和质量是否符合设计要求，材料和设备采购计划要求、材料和设备采购时间是否符合工程项目建设进度计划，材料和设备采购程序是否满足要求等。

（5）工程项目应缴税费的审计

工程项目应缴纳的税费内容包括：增值税、城市维护建设税、教育费附加以及地方教育附加、工程定额测定费、安全生产鉴定费、建筑管理费、劳动保险费等。税费审计监督的重点包括建设单位是否按照国家有关规定及时、足额地计提和缴纳各项税费。

（6）工程项目健康、安全、环保情况的审计

工程项目建设具有累积效应，大规模的工程项目建设必然会给周边生态环境造成影响。为了有效地进行管理，国家有关行政主管部门和地方政府相继出台了各类政策，目的是减小工程项目建设对环境造成的影响。审计监督的重点包括：工程项目设计、施工、运营等各环节是否执行了国家有关环境保护的政策和法律法规，工程项目环境治理工作是否与项目建设同步进行等。

7.1.3 工程项目财务收支审计过程

工程项目财务收支审计过程包括：工程项目资金来源审计、基本建设支出审计、工程项目设备和材料采购审计、工程项目基本建设收入审计、工程项目税费审计、工程项目交付使用资产审计、工程项目建设单位财务报表审计。

7.1.3.1 工程项目资金来源审计

① 收集和整理与工程项目资金来源审计有关的资料。收集和整理过程中注意各种工程项目资金来源收集的完整性和全面性，对已收集的材料，应根据资料类型制作资料清单，将已提供资料装订成册并编制未提供资料清单。

② 调查、了解工程项目资金来源的情况。调查内容包括：项目是否实行项目法人责任制，项目法人是否筹集到工程项目建设所需的资金；是否实行项目资本金制度，国家资本金到位情况；是否有地方政府或其他部门的配套资金，配套资金的落实情况；是否有完整的总投资计划和分期投资计划，投资计划的落实情况；是否存在基建拨款，基建拨款的计划、程序、到位情况；是否存在借用外资情况，外资到位情况等。

③ 审查各类资金来源的真实性和合规性。审查内容包括：基建拨款总额、基建借款总额、拨入投资总额、企业债券总额、待冲基建支出、应付款总额、未交款总额、留成收入等。针对每项审查内容应详细列出审计目标和审计程序，在各项资金来源审计完成及确定留成收入后再进行资金来源合计。

④ 审查材料款、设备购置款、应付工程款的真实性和合规性。审查内容包括：审查应付材料款、设备购置款、应付工程款明细表，并与明细账、总账及财务报表核对，检查符合性。

对内容异常的项目发出询证函，证实其真实性；对未回复的项目采用查阅合同、协议，核对验收单、订货单等替代审计程序，验证债务的真实性和准确性。

从明细账中抽取一定项目，取得相关记账凭证和原始凭证，并执行相关审计程序，包括：审阅明细账、记账凭证摘要和金额，检查有无异常；检查应付材料款、设备购置款、应付工程款的入账依据是否充分，是否附有发票账单、验收入库单、工程价款结算账单和资产调拨单等，是否与对应科目记录一致；检查应付材料款、设备购置款、应付工程款明细账是否存在借方余额；检查应付材料款、设备购置款、应付工程款是否在财务报表及报表说明中进行了恰当分类和充分揭示。

⑤ 审查其他应付工资和应付福利费的真实性和合规性。审查内容包括：复核应付工资、应付福利费明细表，并与明细账、总账及财务报表进行核对，检查符合性；对本期工资费用的发生情况进行分析性复核；检查工资、福利费的计提是否正确，分配方法是否与上期一致，并核对应付工资、应付福利费计提数与相关的成本费用项目是否一致；查明应付工资、应付福利费的披露是否正确。

⑥ 审查其他应付款等的真实性和合规性。审查内容包括：复核其他应付款明细表的正确性，并与明细账、总账及财务报表进行核对；对金额较大、挂账时间较长的款项和异常项目发出询证函，证实其真实性；分析有借方余额的项目，查明原因，必要时做重分类调整；结合基建收入审计，核实有无将取得的基建收入在其他应付款科目挂账；结合设备材料采购审计，核实建设单位有无将供货单位退回余款或折让、折扣在其他应付款科目挂账；对非记账本位币结算的其他应付款项，检查其折算汇率是否正确；审查资产负债表日后的付款事项，确定有无及时入账的其他应付款事项；检查长期未结的应付款项，并做妥善处理；检查其他应付款是否在财务报表及报表说明中进行了恰当分类和充分揭示。

⑦ 综合评价工程项目资金来源的总体情况。

知识拓展

工程项目资金来源大致可以分为以下5类：

① 财政预算拨款，指由国家或地方财政拨入建设单位无偿使用的建设资金。根据财政预算拨款的概念，拨付资金来源有两个：一个是中央财政，另一个是地方财政。由中央财政拨款的工程项目一般属于非经营性项目，即项目建成后一般不产生经济效益，按照国家规定，非经营性资金主要用于中央各部门直接参与的无经济收入的文化、教育、卫生、科研等建设和水利水电工程中的防汛抗旱和河道治理等。

② 建设单位自有资金，指建设单位为工程项目建设专业配备的资金额。根据国家现行规定，各种行政事业经费、各种租赁资金、企业应上缴税金和利润、流动资金、更新改造基金和大修理基金不得用于自筹投资建设项目；不得通过向企业摊派的方式筹集资金；不得挤占成本；不得采取提价或变相提价方式筹集资金。

③ 金融机构贷款，指建设单位按规定条件向金融机构借入的有偿使用的基本建设资金。金融机构贷款种类包括：国家开发银行投资贷款、国家专业投资公司委托贷款、商业银行贷款、其他投资贷款等。

④ 发行债券融资，种类有：国家发行债券、企业发行债券和地方政府发行债券。在我国，目前只有中央政府具备发行债券的权利，中央政府通过发行债券将筹得资金用于基础设施建设，一定程度上缓解了国家建设资金的压力。地方政府发行债券目前并不是合法形式，

但是地方政府面临着基础设施和民生工程建设的巨大资金缺口，而总量巨大的社会闲散资本为地方政府的项目建设融资提供了前提条件，所以部分地方政府已经尝试通过多种其他方式进行项目建设融资。

⑤ 国际金融组织贷款，主要是指世界银行贷款等。世界银行等对项目审查严格，对项目类型的限制也比较大，操作规范，项目立项周期较长，一般用于关系民生的基础设施项目。

7.1.3.2 基本建设支出审计

基本建设支出是指工程项目在建设过程中所发生的各类实际支出。在建设单位会计报表中，基本建设支出分为交付使用资金和在建工程两部分。在建工程包括建筑安装工程投资、设备投资、待摊投资和其他投资共4部分内容。

基本建设支出中，在建工程各项投资的审计程序如下。

（1）建筑安装工程投资审计

审查内容包括：复核建筑安装工程投资明细表，并与总账、明细账和会计报表进行核对，检查符合性；对照有关财务核算办法，检查建筑安装工程投资的科目设置是否恰当和合理，是否按照单项工程的单位工程进行明细核算；了解项目概算说明书、工程施工合同和年度投资计划内容，了解工程价款结算办法、材料供应方式、施工承包合同总金额、预付备料款、质量保证金等内容，并检查各项支出是否属于项目概算范围、会计记录的支出是否实际发生、与工程价款结算单是否一致、工程价款的结算程序是否合规、有无建设单位或监理单位的审核签证；对转入交付使用的资产科目的转出数额，应取得交付使用资产明细表，检查是否经过批准、手续是否完备、转出数额是否正确；抽查单项工程计划进度和时间进度是否一致，以及完成时间、投资额情况，检查是否与账面投资额相符；确认建筑安装工程投资是否在财务报表中进行了恰当分类和充分揭示。

（2）设备投资审计

设备投资审计内容包括：复核设备投资明细表，并与总账、明细账、财务报表进行核对，检查符合性；依据有关财务核算办法，检查设备投资科目设置是否恰当、合理，是否按照规定要求设置明细科目，并按单项工程和设备、工具、器具的类别、品名、规格等进行明细核算；审阅设计概算说明书，审核发生的设备投资是否属于项目概算范围、有无概算外投资或挤占项目投资问题；检查不需要安装的设备、工具、器具的记账凭证所附发票、银行结算单等单据是否齐全，数额是否正确，内容是否与明细科目相符；检查需安装设备是否依据设备出库单入账，并符合以下条件，即设备基础、预埋件、支架等作业已经完成，设备安装图纸和相关技术资料完备，设备进场并检验检测完毕，吊装就位并开始安装；检查当年转出计入交付使用资产的设备投资批准情况、手续是否完备，核对与交付使用资产验收交接清单的一致性；抽查部分设备并进行现场考察，确认设备与账面记录相符；检查设备投资是否在财务报表中进行了恰当分类和充分揭示。

（3）待摊投资审计

依据基本建设支出审计的特殊要求，待摊投资审计的内容包括：复核待摊投资明细表，并与总账、明细账和财务报表进行核对，检查其符合性；检查待摊投资内容明细科目的设置是否与会计制度规定相符，建设单位管理费是否按费用项目进行明细核算；抽查部分项目的记账凭证和原始凭证，检查基础待摊投资发生的内容是否真实、是否符合国家有关规定并属建设单位承担范围；检查分摊转出投资是否准确、分摊比例是否合理并与竣工决算清单的相关记录一致；检查待摊投资是否在财务报表中进行了恰当分类和充分揭示。

（4）其他投资审计

审计内容包括：复核其他投资明细表，并与明细账、总账和财务报表进行核对，检查其符合性；查阅项目设计概算，并与复核后的其他投资明细表进行核对，检查所发生的房屋购置、各项基本支出、办公生活家具设备购置、固定资产购置、无形资产和递延资产是否属于概算范畴，是否与概算所确定的内容、数量和标准相符，是否应有该项目支出；查阅其他投资明细账，检查科目设置是否恰当，投资支出是否按照会计制度进行正确分类并进行明细核算；查阅有关合同及相关协议，明确双方的权利、义务内容，合同标的物的价格、付款方式、付款时间等是否按照合同约定进行，抽查有关记账凭证及所附银行支付单、收款单位开具的发票、收据等原始凭证，检查有关其他投资支出是否真实发生，是否符合项目的事实计划，各项进展程序是否完备和合法，会计处理是否符合会计制度规定；对其他投资贷方转出数额，要检查是否经过有关部门批准并与有关部门办理交接验收手续，与交付使用资产表中的记录是否一致；检查其他投资是否在财务报表中予以恰当分类和充分揭示。

7.1.3.3 工程项目设备和材料采购审计

为了配合工程项目的施工进展，合理利用建设场地，确保工程建设资金使用的最优化，建设单位应根据工程进行需求编制项目设备和材料采购计划。工程项目设备和材料采购计划中设备选型、材料种类和数量、设备价格及材料进场时间是最重要的考虑因素。

（1）工程项目设备采购审计

工程项目设备采购审计内容包括：复核设备采购明细表，并与有关明细账、总账和财务报表进行核对，检查其符合性；查阅建设单位编制的设备采购供应计划，审查计划采购的设备、工具、器具的种类、规格、型号、数量等，与建设项目设计概述中编列的设备清单相核对，检查项目所采购的设备是否符合概述范围，重点检查有无采购预算范围之外的设备；审查设备采购合同的合法性和合规性；根据部门规章和行业规范要求，对需要进行招投标的大型设备，检查是否按照规范要求通过招投标方式选择供货单位、招投标过程是否规范、有无违法或违规行为；查阅设备采购明细账、记账凭证及有关银行付款单、销货单位发票等原始凭证，检查设备采购入账金额是否正确、设备采购成本的核算是否正确；检查设备采购是否在财务报表中进行恰当分类和充分揭示。

（2）工程项目材料采购审计

工程项目材料采购审计内容包括：复核材料采购清单，了解主要材料供应单位、数量及价格等内容，并与明细账、总账和财务报表等进行核对，检查其符合性；查阅材料采购供应计划，检查主要材料种类、数量、规格等，检查材料采购及进场时间是否满足工程建设进度需要，重点审查材料采购的有效性和是否设置了合理的损耗率；查阅材料采购招投标情况和材料采购合同文件，审查材料采购中对供货单位选择是否合理、建设单位与供货商签订合同时有无遵循经过批准的基本建设计划和材料采购供应计划、有无人为指定材料供应单位等违规行为、材料价格和市场价格的符合程度；核对付款凭证、销货发票等会计资料，检查购进材料的价款计算是否正确、材料价款和运杂费付款情况，检查材料的采购费用是否真实、所发生采购费用是否全部入账；检查材料采购成本计算是否正确，买价、运杂费和采购保管费是否全部计入，有无漏列或者挤占材料采购成本现象；检查材料采购是否在财务报表中进行充分揭示。

7.1.3.4 工程项目基本建设收入审计

工程项目基本建设收入审计的内容包括：

复核基本建设收入明细表，并与总账、明细账及财务报表有关数据进行核对，检查其符合性。

检查会计账簿设置是否符合会计制度的规定，收入、成本和费用、税金、留成收入分成等核算是否符合会计制度。

抽取一定数量的销售发票，检查开票、记账、发货日期是否相符，品名、数量、规格、单价、金额等是否与发票凭证等一致，确定基本建设收入已正确计价。实施基本建设收入的截止测试，可采取三种方法：一是以账簿记录为起点进行测试，从报表日前后若干天的账簿记录查至记账凭证，检查发票存根与发运凭证，检查已入账收入是否在同一期间开具发票并发货、有无多计收入；二是以销售发票为起点进行测试，抽取若干张在报表日前后开具的发票存根，追查至发运凭证和账簿记录，查明已开具发票的货物是否已发货并与同一会计期间确认收入，查明有无漏计收入；三是以发运凭证为起点进行测试，抽取若干张在报表日前后开具的发运凭证，追查至销货发票存根和账簿记录，确定基本建设收入是否已入账。

查阅应交基本建设收入明细账中有关费用记录及相关的会计记账凭证、银行支付单等会计资料，检查成本、费用是否真实并符合会计制度规定的开支范围，检查试生产期间是否违反规定计提了固定资产折旧。

查阅国家规定的建设项目试运行期，或经项目设计文件审批机关批准的试运行期，检查有无超过批准的试运行期，试运行期之外的经营收入不得作为基本建设收入。

检查工程项目各项索赔和违约金等是否按规定首先用于弥补项目损失，结余部分才作为基本建设（基建）收入。

检查各项基本建设收入是否按规定缴纳了销售税金和所得税，将缴纳所得税后的收入作为建设单位留成收入。

检查留成收入是否按规定比例使用，即70%用于组织和管理建设项目方面的开支，30%用于职工奖励和福利。

检查基本建设收入及留成收入是否在财务报表中进行了充分披露。

7.1.3.5 工程项目税费审计

工程项目税费审计中着重审计建设单位税费征收范围、税率计算、有无偷税漏税现象、各项所交税费是否真实发生、有无虚列税费问题等。

工程项目税费审计的内容包括：复核应交税费明细表，并与总账、明细账和财务报表有关数据进行核对，检查符合性；查阅建设单位纳税鉴定或纳税通知，以及相关征集、减免税费的批准文件，了解适用税种、计税基础、税率，以及征集、减免税费的范围和期限与本工程项目是否吻合，确认本项目应交纳税费的内容；查阅税务部门下达的代扣代缴施工单位增值税通知，检查建设单位与施工单位办理的工程价款结算单，核实代扣增值税计算是否正确，是否按照征收期限及时入账，检查建设单位代缴增值税完税凭证，落实是否及时、足额缴纳，是否按规定进行了会计处理；结合基本建设收入审计，核实基本建设净收入是否准确，核实基本建设净收入应计提所得税是否正确；查阅交纳所得税的会计凭证及税收缴款单等原始凭证，核实实际交纳税费是否及时、足额，是否按规定进行了会计处理；检查应交车船牌照税和房产税计算是否正确，是否及时交纳；对实行基建投资包干节余的项目，应取得建设单位与主管部门签订的基本建设投资包干合同或协议，核实计提的投资包干节余是否与合同规定相符、所计提投资包干节余的会计处理是否正确，检查投资包干节余的支用及上交业务的记账凭证、有关原始凭证，核实投资包干节余的使用及上缴是否合法、会计处理是否正确；检查建设单位有关税费是否在财务报表中进行了恰当分类和充分披露。

7.1.3.6　工程项目交付使用资产审计

工程项目交付使用资产审计的主要内容包括：复核交付使用资产明细表，并与总账、明细账和财务报表的有关数据进行核对，检查符合性；审查交付使用资产明细账，检查账簿设置是否符合相关会计制度的规定，是否按规定设置了固定资产、流动资产、无形资产和递延资产明细科目并按资产类别和名称进行明细核算，并抽查部分会计记账凭证和原始凭证，检查有无资产划分不清、互相混淆的现象；查阅工程项目设计概算，与交付使用资产明细表核对，检查所交付使用资产是否属概算范围、有无建设概算外项目或购置概算外设备，对全部完工项目，还要检查概算中所列项目是否建设完成、有无自行减少建设内容；查阅工程项目竣工决算资料，对照各类投资明细账，检查交付使用资产计价的正确性，房屋、建筑物、管道等固定资产成本应包括建筑工程成本和应分摊的待摊费用，动力设备和生产设备等固定资产成本应包括设备采购成本、安装工程成本、设备基础／支柱等建筑工程成本或砌筑锅炉及各种特殊的建筑工程成本，应分摊的待摊费用；运输设备及其他不需要安装的设备、器具、工具、家具等固定资产和流动资产成本，一般仅计算采购成本，不分摊待摊投资；无形资产和递延资产的成本，一般按取得或发生时的实际成本计算，不分摊待摊投资；检查建设单位使用基建投资构建的建设期间自用的固定资产，是否按规定计入了交付使用资产；检查交付使用资产在财务报表中是否进行了恰当分类和充分披露。

7.1.3.7　工程项目建设单位财务报表审计

（1）资金平衡表审计

工程项目建设单位资金平衡表审计的内容包括：对比本年度和上年度的报表说明，抽查有关会计记录，检查报表编制遵循的会计政策、选用的会计方法是否与上年度一致；对照经审计的上年度财务报表，审查本年度财务报表的期初数是否与前一年度期末数相一致，如有差异，应查明原因，并提请项目建设单位在财务报表中予以说明；对照资产管理、工程建设台账等有关业务记录，审查报表的整体合理性和反映内容的完整性；核对总账、明细账和有关报表，检查报表内各项目是否与总账、有关明细账、各子项目单位报送的报表一致；审查各报表项目在报表中的列示是否正确；审核报表项目与其他报表的勾稽关系是否正确；根据年末国家公布的外汇汇率，审查财务报表中外币折算是否正确，使用汇率是否合规；复核报表中小计、合计的计算是否正确。

（2）基建投资表审计

工程项目建设单位基建投资表审计的内容包括：核对设计概算或投资计划，审核基建投资表中所列示的工程和费用项目是否相符，所列示概算投资数是否与概算一致并按单项工程反映工程投资情况；核对上年度报表和本年度投资来源明细账，审核所列示基建投资拨款及借款累计是否正确，各资金来源是否正确填列，有无混淆不同渠道资金来源的现象；核对上年度报表和本年度投资支出明细账，审核投资支出累计是否正确，对已移交资产和在建工程及其他基建支出检查是否正确，检查已移交资产是否按财务制度进行正确分类列示；检查基础基建投资表中的有关内容是否与其他报表中的对应项目一致、是否符合勾稽关系；加计复核横栏合计、纵列合计是否计算正确。

（3）待摊投资明细表审计

工程项目建设单位待摊投资明细表审计的内容包括：审阅待摊投资明细表所列费用项目是否与建设单位会计制度规定的待摊投资费用项目一致；核对待摊投资明细表中各费用项目投资完成数与待摊投资明细账是否相符，核对待摊投资明细表中合计数与待摊投资总账数字是否相符，核对待摊投资明细表合计数与基建投资表中所列待摊投资是否相符；与工程项目明细概算所列费用项目进行核对，检查有关项目是否存在异常，并进一步查明原因。

（4）基建借款情况表审计

工程项目建设单位基建借款情况表审计的内容包括：审阅基建借款情况表所列要素是否与国有建设单位会计制度规定的报表项目一致，各要素是否完整；核对上年度基建借款情况表，检查年初借款余额与上年度报表的年末借款余额是否一致；核对基建借款明细账，检查各项借款来源的本年实际借款数、本年还款数是否相符；检查加计合计栏、年末借款余额是否正确；检查基建借款情况表中相关内容与资金平衡表有关数字是否相符、是否符合勾稽关系。

（5）投资包干情况表审计

工程项目建设单位投资包干情况表审计的内容包括：审阅投资包干情况表是否具备符合国有建设单位会计制度规定的报表要素；核对工程设计概算，核实已完单项工程概算是否与设计概算数一致；查阅建安工程投资、设备投资等科目及基建投资表，核对已完单项工程实际支出数是否正确，计算已完单项工程概算节余数是否正确；核对上年度投资包干情况表和本年度应上交投资包干节余科目有关会计记录，核实预提留用包干节余数、建设项目概算包干节约数是否正确；查阅投资包干节余的应上缴、归还基建借款及留用比例，计算核实应留用包干节余数、应归还基建借款包干节余数、应交财政和主管部门包干节余数是否正确，并与应交基建投资包干节余科目有关贷方发生数核对，检查已归还基建借款包干节余数、已交财政和主管部门包干节余数是否正确。

知识拓展

与工程项目财务收支审计相关的法律法规：

①《国家重点建设项目管理办法》于1996年6月3日由国务院批准，于1996年6月14日由国家计划委员会发布。2011年1月8日根据《国务院关于废止和修改部分行政法规的决定》修订了《国家重点建设项目管理办法》。

②《关于修改〈中华人民共和国预算法〉的决定》已由中华人民共和国第十二届全国人民代表大会常务委员会第十次会议于2014年8月31日通过，2015年1月1日起施行。

③《基本建设财务管理规定》，第三条规定："贯彻执行国家有关法律、行政法规、方针政策；依法、合理、及时筹集、使用建设资金；做好基本建设资金的预算编制、执行、控制、监督和考核工作，严格控制建设成本，减少资金损失和浪费，提高投资效益"。

7.2 工程项目绩效审计

7.2.1 工程项目绩效审计的概念

7-2 工程项目绩效审计

工程项目绩效审计，是指由独立的审计机构或人员，依据有关法规和标准，运用审计程序和方法，对被审单位或工程项目建设活动和结果的合理性、经济性、有效性进行监督、评价和鉴证，提出改进建议，促进建设单位加强管理、提高投资效益的一种独立性的监督活动。

其基本内涵包括：

① 工程项目绩效审计的主体是接受政府或其他相关单位委托的审计机构或审计人员，它不仅包括政府审计机构和审计人员，还包括社会中介机构，如审计事务所及其他工作人员。

② 工程项目绩效审计的客体是工程项目，包括国家预算拨款项目、银行贷款项目、企业联合投资项目、企业自筹项目、利用外资项目和外资项目等。

③ 工程项目绩效审计的目的是对工程项目的经济性、效率性和效果性进行审查和评价，以揭示工程项目在建设和管理过程中存在的问题，并提出改进工作的意见。

④ 工程项目绩效审计的本质是一种经济监督活动，通过审计监督，促进工程管理部门加强管理，提高工程项目投资效率。

7.2.2 工程项目绩效审计的目标

明确目标是确定绩效审计内容、范围、方式和方法的基础。要进行绩效审计，首先需明确工程绩效审计的定位，来确定绩效审计的目标，并以审计目标为主旨，制定具体的审计方案，做好绩效审计的审前准备，认真实施绩效审计，形成有说服力的审计报告。

（1）促进建设单位更好地履行工程项目管理职责

通过绩效审计，可以揭示项目建设过程中存在的问题，落实相关责任，达到促进相关部门和项目建设单位严格履行职责的目的。

（2）促进工程建设资金得到合理、有效使用

开展绩效审计，应当以财务收支审计为基础，以资金为主线，通过绩效审计来检查项目总体安排的合理性并对投资效果做出总体评价，以促进项目资金的合理、有效使用。

（3）保证项目投产运营效果达到预期目标

通过绩效审计对项目建设管理体制、投融资体制及运营机制等宏观制度方面提出的审计建议，是促进项目的后续运营达到预期效果的有效的路径选择。

7.2.3 工程项目绩效审计的依据

① 工程项目前期的有关依据，包括：国家有关法律、法规和规章、制度；项目可行性研究报告；项目评估报告；项目立项、设计文件，计划；招标文件及中标单位投标书等。

② 工程项目实施阶段相关依据，包括：项目实施规划方案；审计指南；施工及竣工图纸；现场签证及会议纪要；勘察、设计、监理、施工、采购、技术服务等技术合同；设计变更；工程财务资料等。

③ 工程项目竣工阶段相关依据，包括：工程验收及备案资料；工程竣工验收资料；监

理档案资料；工程质量及安全事故报告；主要材料合格证及试验报告等。

④ 工程项目运营阶段相关依据，包括：建成后使用效果；经营状况；项目经济和社会效益；资金回收情况等。

7.2.4 工程项目绩效审计的内容

工程绩效审计应关注如何将真实性、合法性和效益性三者有机地结合起来，不但要重视投资项目的建设成果，同时对项目建设过程中是否遵循法律、法规，也应予以重点关注。因此，工程绩效审计的范围和内容是非常广泛的，具体来说包括投资决策、建设方案、计划管理、资金管理、物资管理、施工管理、财务管理等方面。

由于内容的广泛性，对工程绩效审计内容进行分类时采用的标准不尽相同，分类的结果也有所差别。有些学者从宏观方面对工程项目绩效审计的内容进行了概括，强调其社会效益、经济效益和环境效益。更多的学者则根据工程项目管理的特点，重点通过对工程项目的决策、项目管理、工程造价的真实性和综合效益4个环节的审查来评价其经济性、效率性和效果性。

本书根据工程项目全寿命周期管理理论，认为工程绩效审计主要包括以下两大方面内容。

（1）工程项目管理审计

工程项目管理是以工程项目为管理对象，在一定的约束条件下，为最优化地实现项目投资目标，对项目寿命周期全过程进行有效的计划、组织、指挥、控制和协调，使生产要素优化组合、合理配置的系统管理活动。为提高工程投资的经济效益，确保国家建设计划和工程项目的顺利实施，必须加强对工程建设全过程项目管理工作绩效的审计，以提高项目管理水平，保证项目建成后达到预期的目标。

工程项目管理贯串工程项目全寿命周期，因此，只有对工程项目管理工作进行全过程审计，才能对工程项目管理工作绩效做出一个完整、有效、合理的评价。

工程项目管理审计包括以下几个阶段：

① 工程项目投资决策阶段的工程管理审计。工程项目投资决策阶段的工程管理审计主要包括：项目前期策划工作审计、可行性研究工作审计和项目建设决策工作审计。

② 工程项目设计阶段的工程管理审计。工程项目设计阶段的工程管理审计主要包括：设计准备工作审计、方案设计工作审计和施工图设计阶段工作审计。

③ 工程项目建设招投标阶段的工程管理审计。工程项目建设招投标阶段的工程管理审计主要包括：招投标准备工作审计、招投标工作审计和工程项目合同订立工作审计。

④ 工程项目建设施工阶段的项目管理工作审计。工程项目建设施工阶段的项目管理工作审计主要包括：施工准备工作审计、施工工作审计和竣工验收工作审计。

⑤ 工程项目使用阶段的项目管理工作审计。本阶段的项目管理工作审计主要包括对缺陷责任期的保修管理工作和项目后评估工作进行审计。

（2）工程项目投资效益审计

工程项目投资效益审计应当针对工程项目的经济性、效率性和效果性进行审计，其内容包括工程项目财务效益、社会效益和环境效益审计。

工程项目管理审计与工程项目投资效益审计的区别与联系如下。

工程项目管理贯串工程项目全寿命周期，体现了工程项目的过程管理，因此工程项目管理审计应当采用"以过程为导向"的审计程序，即沿着项目实施过程的时间顺序，对项目立项审批、实施、竣工、运营等各个阶段的实际管理状况进行比较和评价，对内部控制系统是否健全、有效进行检查，及时发现内部控制系统中具有影响项目目标实现等重大风险的环节和存在问题的原因。

工程项目投资效益主要反映工程项目建成后投资目标的实现程度，因此，工程项目投资效益审计应当采用"以结果为导向"的审计程序，将项目立项文件中确定的项目建设内容和应实现目标与项目实际情况进行比较和评价，把对项目实现的目标和产生的社会影响等项目最终结果进行审计评价作为审计的起点向前追溯，直到发现问题存在的原因。

由于工程项目管理与工程投资效益密切相关，工程项目管理水平的高低直接决定了工程项目投资效益的状况，而工程投资效益的大小又体现了工程项目管理质量的高低。因此，在进行工程绩效审计时应当综合考察工程项目管理与工程投资效益状况，以便得到真实、客观的评价。

7.2.5 工程项目绩效审计的程序

工程项目绩效审计包括审计准备阶段、实施阶段、报告阶段和后续阶段。

（1）准备阶段

准备阶段是指从接受或确定审计项目到审计人员进入被审计单位为止进行各项审计准备工作的时期。审计准备阶段的主要工作包括：初步调查了解被审计事项，确定审计目标、范围和重点，确定审计评价标准，设计审计方式和方法，编制审计方案。

（2）实施阶段

审计实施阶段包括：初步测试、收集审计证据、分析审计证据、酝酿审计意见和编制审计底稿共 5 个方面的工作。

（3）报告阶段

绩效审计报告阶段是指审计实施完成后，根据审计实施阶段所审查的问题及针对问题提出的改进建议和措施，编写审计报告、做出审计决定的过程。在此过程中，审计人员应核实在实施阶段中发现的问题，整理审计工作底稿，鉴定和补充必要的审计证据，评估被审计事项的效益，提出进一步改善经营管理和提高绩效的建议，起草、讨论审计报告，最终正式发送审计报告。

（4）后续阶段

绩效审计的后续阶段是指审计项目完成后，对审计建议和改进措施的执行情况进行回访性审计的过程。通过回访性审计评价审计建议和措施的执行结果，帮助和促进被审计单位更好地执行审计建议和改进措施。后续审计虽然不是每一项绩效审计的必需环节，但从审计实践看，开展后续审计有助于绩效审计目标的实现。

7.2.6 工程项目绩效审计的方法

常用的绩效审计技术和方法可以分为数据收集方法和数据分析方法两大类。常用的数据收集方法有：审阅、观察、调查问卷、访谈、利用文献资料、研讨会等。常用的数据分析方法可以分为定性分析法和定量分析法两种。在搜集和评价信息的过程中，除了运用财务审计中广泛使用的审阅、观察、计算等方法和技术以外，还要运用调查研究和统计分析技术。具体方法如下：

（1）审阅法

审阅被审计单位的书面文件资料是绩效审计中获取数据资料最基本、最直接也是最有效的方法。审阅和研究已有的书面文件是工程项目绩效审计中重要的技术与方法之一。审阅的对象可以是历史的和现实的文件资料，如财务资料、统计数据、预（决）算、合同、签证单、报告、会议记录和被审计单位内部的备忘录等，也可以是对未来和前景进行预测的数据资料，如现金流量预测、生产计划等。对文件资料的审阅和研究有助于审计人员掌握有用的信息和数据，但必须紧密围绕审计目标，并需对文件内容的可靠性做出适当评估。

（2）观察法

观察是指审计人员到被审计单位的建设现场或被审计事项发生的现场进行实地察看，以了解有关活动的运转状况，了解现场施工（或建设）的意图，并将其与通过其他方法获取的信息进行对比的方法。如观察操作过程和程序、了解有关设备的运转情况、参观工作场所和实物建筑、实地验证资产等。审计人员可以采用录音、录像、拍照等方式增强观察法所获取资料的可信度与说服力。实地观察的结果可用于证实从其他途径获取的信息，也可直接作为审计证据。当书面文件和管理部门成为唯一的信息来源时，观察就是绩效审计中不可或缺的一种审计方法。

（3）调查问卷法

调查法是采用特定的形式从特定群体中系统地获取信息的方法。调查法获取信息的方式是非交互式的，通常采取问卷的形式，一次性获取特定的信息，被调查群体的规模一般较大。除采用问卷形式外，调查法还可以采用信件、电话、电子邮件、互联网等形式。调查时先要对调查内容和问卷进行精心设计，采用抽样方法选取要调查的对象，然后向这些调查对象邮寄问卷、电话调查或当面进行询问，通过对样本调查结果的整理和分析获取证据，从比较分散的群体中获取对某一事项的评价意见和信息，借此推断总体并形成结论。

（4）访谈法

在绩效审计中，审计人员经常需要当面向有关人员了解情况，获取某些特殊证据，因此访谈在绩效审计中应当是一种十分常用的审计方法。采用这种方法可以帮助审计人员加强对所审工程项目的理解，而且可以当面向访谈对象搞清楚工程项目有关事项的来龙去脉，十分方便、灵活。使用这种方法时，审计人员在审计的不同阶段也有不同的访谈形式和方式，在不同的环节使用不同技巧，如采用单独会谈和集体讨论等形式发现问题，或采用结构化和非结构化的问题列表。访谈的对象不仅是被审计单位，还包括其他相关单位、部门和个人。访谈的结果通常以访谈笔记、证词、录音等形式保存。访谈的结果需要有关部门的认可或进一步的证实。

（5）利用文献资料法

审计人员通常要回顾审计项目相关领域的研究报告、书籍和文章等，或过去的审计和评估资料等，以获取相关的重要信息，如背景资料或一些细节的信息，并更新和扩展自己在特定领域的知识。审计人员还可以利用其他单位或部门，如统计部门、财政部门等所提供或拥有的相关数据资料；如果面对的是电子数据环境，审计人员还会用到数据检索技术。

（6）研讨会法

研讨会可以聚集拥有不同知识、经验和观点的人员，通过与这些人员的沟通和讨论，审计人员可以获取专家的经验，对问题、观点和可能的措施进行讨论，了解各个方面的观点，听取不同的意见和建议，这对于科学地安排审计工作、得出正确的审计结论、形成适当的审计建议等都是大有帮助的。审计中可根据不同目的和要求，邀请合适的人员进行研讨，参加研讨会的人可以是政府部门从事相关工作的人员、研究机构的专家和其他富有经验的人员。通过研讨会的深入沟通和讨论，审计人员不仅受到启发，而且还可以得到一些有价值的建议，如对建设方案合理性进行审计、聘请专家进行研讨就是一个非常有效的方法。

（7）案例研究法

案例研究是指审计人员选择一个或若干个对象作为案例进行研究，以便对被审计事项进行深入的调查和分析。在实践中所执行的试点审计程序就是案例研究法的最好应用。案例研究的结果可以用来证实已存在的问题，还可以佐证通过其他方法得出的结论，并且研究案例的过程也是经验的积累过程。审计人员在研究案例时不应过分关注所选择的对象本身，主要应利用所得出的结论性意见和所获取的经验。

（8）利用被审计单位拥有的数据资料法

被审计单位通常会拥有有关行业、单位和部门，或相关领域等的重要数据、信息和资料，审计人员利用被审计单位拥有的数据资料进行分析是非常重要的，这些数据包括管理信息系统的数据或从其他途径搜集来的数据，一般由管理部门提供。如果被审计单位的信息化程度较高，通常会建有管理信息系统，或者建立统一或专门的数据库和资料库。审计人员通过对被审计单位数据资料库的检索可以发现大量有用的信息和数据资料。

（9）利用专家工作法

由于投资绩效审计涉及面较广，对一些审计人员不具备相关知识、经验与技能的领域，往往需要聘请专家或专业人员从事部分工作，并利用他们的专业判断和工作成果，或审计人员直接取得并利用专家的报告、意见、评论和声明等。利用专家可以有效地补充和扩展审计资源。利用专家的有利之处是能够快速地获得相关的信息，能够有力地保证审计的权威性和专业性；不利之处是难以对专家的能力和工作成果进行判断和评估。审计人员可以将专家的工作成果作为审计证据，但必须对审计结论和审计建议承担全部责任。

（10）比较分析法

比较分析法指将反映被审计单位业绩的数据指标与相关的投入、业务指标、判断指标等进行比较，或通过与评价标准的对比来了解情况、获取证据或进行评价的方法。如对工程投资进行审计，将不同建设规模或生产能力与建设成本进行比较，确定其建设资金的利用情况。用大量的技术经济分析方法，去分析其投入与产出的比率关系，以考察是否实现了相关目标、效率和效果。

（11）定性分析与定量分析相结合法

一个工程项目往往存在多重目标，如投资、功能、工期、范围等。这些目标中有些可以用量化指标来评价，如投资额、工期等，而有些指标则难以量化，如功能质量、社会效益等。在审计实践中，要根据项目的不同特征，灵活采用定性分析和定量分析方法进行评价。

7.2.7　工程项目绩效审计报告

审计报告是审计小组或审计人员在审计工作结束后，将审计工作任务完成情况和审计工作的结果，向审计机构、委托者或有关部门提交的书面文件。它是记载审计人员实施审计的情况、反映审计目标实现程度和表达审计意见的书面文件。审计报告是审计工作的最终产品，撰写审计报告是审计过程中极为重要的一个环节。

工程绩效审计报告的格式与内容因审计评价对象、内容及审计目标的不同而不同。一般来说，工程绩效审计报告应该包括以下内容：

（1）项目基本情况

主要介绍被审计项目和单位的基本情况、审计实施的基本情况、审计的目标与范围、审计的重点和审计标准。

（2）审计发现

审计发现是审计人员在对被审计单位的经营活动与内部控制的检查和测试过程中所得到的积极或消极的事实，一般应包括：所发现事实的现状；所发现事实应遵照的标准，如政策、程序和相关法律法规；所发现事实与预定标准的差异；所发现事实已经或可能造成的影响；所发现事实在现状下产生的原因（包括内在原因与环境原因）。

审计中发现的主要问题，要与审计评价相对应，反映项目建设和运营管理中存在的主要问题，并揭示影响项目运行效益的主要原因。

（3）审计结论

审计结论是内部审计人员对审计发现所做出的职业判断和评价结果，表明内部审计人员对被审计单位的经营活动和内部控制所持有的态度和看法。在做出审计结论时，审计人员应针对本次审计的目的和要求，根据已掌握的证据和已查明的事实，对被审计单位的经营活动和内部控制做出评价。

（4）审计建议

审计建议针对的是重要领域，要客观、合理、可行。绩效审计报告主要是建设性的，要致力于帮助被审项目提高效益，从改进被审计单位管理的体制和方法、提高管理效率、更好地完成项目建设目标的角度提出建议。

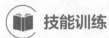 **技能训练**

一、单项选择题

1. 工程项目财务收支审计过程不包括（　　　）。
   A. 工程项目资金来源的审计　　　　　　　B. 基本建设支出审计
   C. 工程项目税费审计　　　　　　　　　　D. 固定资产审计
2. 常用的工程项目绩效审计方法不包括（　　　）。
   A. 审阅法　　　B. 观察法　　　C. 文献研究法　　　D. 对比法

二、多项选择题

1. 工程项目建设单位财务报表审计主要包括（　　　）。
   A. 资金平衡表审计　　　　　　　　　　　B. 基建投资表审计
   C. 待摊投资明细表审计　　　　　　　　　D. 基建借款情况表审计
   E. 投资包干情况表审计
2. 工程项目绩效审计报告的内容主要包括（　　　）。
   A. 项目基本情况　　　　　　B. 审计发现　　　　　C. 审计结论
   D. 审计建议　　　　　　　　E. 审计结果

三、简答题

1. 工程项目财务收支审计过程包括哪些内容？
2. 简述工程项目绩效审计的目标。

参考文献

［1］中华人民共和国住房和城乡建设部. 建设工程工程量清单计价规范：GB 50500—2013［S］. 北京：中国计划出版社，2013.

［2］韩雪. 工程结算［M］. 北京：中国建筑工业出版社，2020.

［3］中国建设工程造价管理协会. 建设项目工程结算编审规程：CECA/GC 3—2010［S］. 北京：中国计划出版社，2010.

［4］中国建设工程造价管理协会. 建设项目全过程造价咨询规程：CECA/GC4—2017［S］. 北京：中国计划出版社，2017.

［5］方春艳. 工程结算与决算［M］. 北京：中国电力出版社，2016.

［6］赵庆华. 工程审计［M］. 南京：东南大学出版社，2015.

［7］兰文斌. 建设工程项目审计［M］. 武汉：武汉大学出版社，2019.

［8］张鼎祖，谢志明，喻采平，等. 工程项目审计学［M］. 北京：人民交通出版社，2013.

［9］谷洪雁，刘玉. 工程结算与数字化应用［M］. 北京：化学工业出版社，2023.